Jugar con fuego / El vínculo

escena
rios

August Strindberg

Jugar con fuego /
El vínculo

Traducción de Jesús Pardo

EDITORIAL FUNAMBULISTA

Primera edición: junio de 2024

Títulos originales: *Leka med elden* (1897) / *Bandet* (1893)

© de la traducción: Jesús Pardo, 1982/83, 2024
© de la presente edición: Editorial Funambulista, 2024
c/ Flamenco, 26 - 28231 Las Rozas (Madrid)
www.funambulista.net

BIC: DD
ISBN: 978-84-128530-2-5
Dep. Legal: M-10526-2024

Maquetación de interiores y cubierta: Gian Luca Luisi

Motivo de la cubierta: *Audiencia de tribunal,* Jean-Louis Forain (1908)

Producción gráfica: Safekat

Impreso en España

Jugar con fuego

JUGAR CON FUEGO (LEKA MED ELDEN) se escribió al mismo tiempo que *El vínculo (Bandet)*. Strindberg buscó editor para ambas obras en 1893, pero debieron de haber sido terminadas antes de su viaje del año anterior, y se imprimieron en 1897, aunque *El vínculo* había salido ya en 1893 en alemán. Las dos obras se han representado con éxito, sobre todo *El vínculo,* que llegó a convertirse en una de las obras más apreciadas de Strindberg. *Jugar con fuego* es una obra de salón, basada en modelos vivos, la más ligera de cuantas escribió Strindberg de este tipo, pero con seriedad y un matiz de experiencia vivida. Es posible, como indica Lamm, que haya en esta obra recuerdos del turbio y confuso preámbulo de su primer matrimonio con Siri von Essen, descrito en *El alegato de un loco (En Dares fors Varstal)*. El mensaje principal en ambas obras y también en *El primer aviso (Varningen Forsta)* viene a ser que los celos y la inquietud ante la posibilidad de perder al ser querido son estímulos imprescindibles para el amor en el matrimonio. Este tema se desarrolla mejor en *Jugar con fuego,* donde el marido consigue asfixiar el amor incipiente entre su mujer y su amigo Axel declarándose, con impasible jovialidad, dispuesto a apartarse de ella si se casa con el amigo. Axel, que alega enseguida que «hay algo podrido» en aquella casa, tiene rasgos de Strindberg mismo, y de su mismo pasado matrimonial. Cuando la joven esposa explica que ella y su marido nunca han tenido serios contratiempos, el comentario del otro es: «Entonces es que nunca ha querido usted a su marido». Para Strindberg, los celos, las riñas y la pasión frenética son ingredientes inseparables de toda vida amorosa. Este ambiente ligero, sobre un trasfondo serio, no persiste en sus otros dramas, donde la situación que sigue a la separación entre los cónyuges *(Ante la muerte, Amor de madre)* es trágica y alude, de manera directa, a la situación personal de Strindberg. En esas obras es el padre quien, abnegadamente, ama a sus hijos y se sacrifica por ellos, mientras la madre habla mal de él y procura hacer que le consideren un extraño. Las cartas de Strindberg hacen ver la angustia que sentía por la educación de sus hijos, que le parecía estar siendo descuidada, y su intensa preocupación porque su madre estaba tratando de «extirparle» a él de sus mentes.

JUGAR CON FUEGO

(Comedia en un acto)

PERSONAJES

El Padre, 60 años, rentista
La Madre, 58 años
El Hijo, 27 años, pintor
La Mujer del Hijo, 24 años
El Amigo, 26 años
La Prima, una muchacha de 20 años

DECORADO

Un mirador acristalado, aderezado como cuarto de estar. Al fondo, puerta central que da al jardín; puertas a los lados. En un balneario, en nuestros días.

ESCENA PRIMERA
El HIJO, *sentado, pintando.*
La MUJER *del* HIJO, *entra, en bata.*

HIJO. ¿Se ha levantado ya?

MUJER. ¿Axel...? ¿Y cómo quieres que lo sepa yo?

HIJO. Yo pensaba que habías ido a ver.

MUJER. ¡Qué cosas dices! ¡Si no fuera porque sé que no eres celoso, empezaría a sospechar que tienes celos!

HIJO. Y si no fuera porque sé que nunca me serías infiel, empezaría a aguzar ya los oídos.

MUJER. ¿Y por qué precisamente ahora?

HIJO. Ya oíste lo que dije... Por lo que se refiere a nuestro amigo Axel, de sobra sabes que aprecio su compañía más que la de ninguna otra persona, ¡y si encima me encuentro con que tú compartes mi afecto por esa alma desgraciada y dolorida, pues tanto mejor!

MUJER. Es un hombre desgraciado, pero a veces parece muy extraño. Por ejemplo, ¿por qué se fue súbitamente el verano pasado, sin despedirse siquiera de nosotros ni llevarse sus cosas?

HIJO. ¡Sí, eso sí que fue curioso! Lo que pensé es que estaba enamorado de la prima Adèle.

MUJER. ¿Pensaste eso?

HIJO. ¡Sí, pero ya no lo pienso! Mamá se quedó convencida de que volvía con su mujer y su hijo.

MUJER. ¿Cómo? ¿Es que no están divorciados?

HIJO. No, todavía no, pero él espera el veredicto de un día para otro.

MUJER. ¿Y pensaste, de verdad, que estaba enamorado de Adèle? ¡Y no me lo habías dicho! Pues mira, si pudiera arreglarse eso, pienso que podría ir muy bien.

HIJO. ¡No sé qué decirte! Adèle es una atontada, una aguafiestas...

MUJER. ¿Ella? ¡Cómo se ve que no la conoces bien!

HIJO. Tiene un tipo encantador; ahora, si es capaz o no de sentir pasiones... Pero prefiero pasar por alto este asunto.

MUJER. ¿Si tiene pasiones, dices?

HIJO. ¿Es que las tiene?

MUJER. No, todavía no, pero cuando empiece...

HIJO. ¿Tú crees? ¿De veras?

MUJER. ¡Da la impresión de que te interesa!

Hijo. ¡En cierto modo!

Mujer. ¿De qué modo, si se puede saber?

Hijo. Ya sabes que posó para mí, de nadadora.

Mujer. ¡Sí, y tanto que lo sé! ¿Y quién es la que no te ha servido a ti de modelo? Pero podrías tener la delicadeza de no enseñar tus esbozos a todo el mundo... ¡Mira, aquí viene la vieja!

ESCENA SEGUNDA

Los mismos. Entra la Madre, *mal vestida,*
con un gran sombrero japonés y un cesto de la compra.

Hijo. ¡Mamá, por Dios, si pareces el mismo diablo!

Madre. ¡Vaya, muy amable!

Mujer. La verdad es que Knut es terrible. ¿Y tú?, ¿qué has comprado por ahí?

Madre. Ah, he encontrado unos lenguados buenísimos...

Hijo. *(Mirando en el cesto)*. Pero, ¡por Dios bendito!, ¿qué es lo que tienes aquí?, ¿crías de pato?

Madre. Bueno, sí, ya sé que podrían haber sido algo más gordos..., pero tócalos aquí, en la tripa.

Hijo. Pues yo he tocado tripas mejores.

Mujer. ¿No te da vergüenza? ¡Qué cosas dices!

Madre. ¡Anoche estuvo aquí vuestro amigo otra vez!

HIJO. ¿Nuestro? ¡Querrás decir de Kerstin, que está siempre piando por él! Anoche pensé que iban a darse un beso cuando le vio entrar.

MADRE. No debes bromear así, Knut, que eso es jugar con fuego...

HIJO. Sí, de acuerdo, ¡pero es que yo ya soy demasiado viejo! Y, además, ¿te parece a ti que doy la impresión de tener motivos para estar celoso?

MADRE. No es la apariencia lo que importa, ¿verdad, querida Kerstin?

MUJER. ¡No entiendo una palabra de lo que estáis diciendo!

MADRE. *(Dándole un cachetito en la mejilla).* ¡Ten cuidado!

HIJO. Kerstin es lo más inocente que hay. ¡Y tú, vejestorio, hazme el favor de no echármela a perder!

MUJER. ¡Tienes una manera tan desagradable de bromear que nunca se sabe si hablas en serio!

HIJO. Yo siempre hablo en serio.

MUJER. Sí, la verdad, eso es lo que se diría, porque nunca te ríes cuando dices tus ordinarieces.

MADRE. Me da la impresión de que estáis pendencieros esta mañana... ¿Es que no habéis dormido bien?

HIJO. ¡No hemos dormido lo que se dice nada!

MADRE. ¡Ay, hijos! Bueno, me voy de aquí, que luego yo no quiero gritos de tu padre.

HIJO. ¡Ah, sí, papá! ¿Dónde está?

MADRE. ¡Ha salido a dar su paseo de por la mañana con Adèle!

HIJO. ¿Y no tienes celos?

MADRE. ¡Qué cosas dices!

HIJO. ¡Pues yo sí que los tengo!

MADRE. ¿Y de quién, si me permites la pregunta?

HIJO. Del viejo, naturalmente.

MADRE. ¿Lo oyes, Kerstin? ¡La verdad es que has caído en una familia de lo más divertida!

MUJER. Sí, y te diré que, si no fuese por lo bien que conozco a Knut, y porque ya sabía de antes que los artistas son gente la mar de rara, hay veces que no sabría qué pensar.

HIJO. Bueno, sí, eso yo, que soy pintor, pero papá y mamá son burgueses a más no poder...

MADRE. *(Sin mala intención)*. Tú sí que eres un burgués, que, a pesar de los años que tienes, nunca te has ganado la vida. ¡No era tu padre un burgués cuando construyó esta casa para un bala perdida como tú!

HIJO. ¡Ser hijo único es muy pesado, francamente! ¡Hale, vete y no te pongas a reñirme, que no estoy de humor! ¡Corre, que viene el viejo!

MADRE. Pues entonces me voy. *(Sale)*.

HIJO. ¡Hay mucha tensión en esta casa...! ¡Es un verdadero tiroteo constante!

MUJER. Sí, tienes razón, ya podrían los suegros dejarnos un poco más en paz. Y luego esta manía de que comamos siempre con ellos, sin dejarnos vivir nuestra vida...

HIJO. Es como cuando se les pone comida a los gorriones en el alféizar de la ventana... ¡Para divertirse viéndolos comer!

MUJER. *(Escuchando hacia fuera).* ¡Calla, un momento! ¡Trata de animar al viejo, a ver si así nos evitamos la riña de todas las mañanas!

HIJO. ¡Ojalá pudiera! ¡No siempre está de humor para aguantar mis ocurrencias!

ESCENA TERCERA

Los mismos. Entra el PADRE, *con chaleco blanco, chaqueta de terciopelo negro y una rosa en el ojal. Entra también la* PRIMA; *primero da una vuelta por la estancia, luego se pone a limpiar el polvo.*

PADRE. *(Sin quitarse el sombrero).* ¡Hace frío esta mañana!

HIJO. ¡Sí, desde luego, ya se ve!

PADRE. ¿Cómo puedes verlo?

HIJO. Pues porque veo que estás helado. ¡Por lo menos la cabeza la tienes helada!

(El PADRE *le mira con desprecio).*

MUJER. ¡Eres un descarado, Knut!

PADRE. Los locos se ensombrecen a sí mismos, y los padres de los locos no tienen alegría.

HIJO. ¿De dónde sacas todos esos refranes?

MUJER. *(A la PRIMA)*. ¡Ya he quitado el polvo yo, querida!

PADRE. Gracias a la mujer prudente se construye la casa, ¡pero el loco la arruina con su conducta!

HIJO. ¿Oíste, Adèle?

PRIMA. ¿Quién? ¿Yo?

HIJO. Sí, tú. A ver qué te parece este otro refrán: «Una mujer bella sin honor es como una cerda con un grano de oro en el morro».

MUJER. ¡Knut, por favor!

PADRE. ¿Tuvisteis visitantes hasta tarde anoche?

HIJO. ¿Te pareció que se fueron demasiado tarde?

PADRE. ¡Yo en eso no tengo opinión! Pero, la verdad, los jóvenes deberíais escoger horas más propias para recibir visitas.

HIJO. ¡O sea, que, después de todo, sí que tienes opinión!

PADRE. ¿Era la primera vez que los recibíais?

HIJO. Pero ¿qué clase de inquisición es esta? A lo mejor hasta te has traído el potro y todo...

PADRE. No, eso ya te cuidaste de traerlo tú antes, porque, en cuanto te hago la menor pregunta, me amenazáis con volveros a ir de casa, y eso a pesar de que sabes muy bien que construí esta casa para vosotros, para poder veros por

lo menos los veranos. Cuando uno llega a mi edad, siente la
necesidad de vivir para los demás.

HIJO. ¡Bah! ¡Qué vas a ser tú viejo! Esta mañana se diría que
has salido en busca de un amor, con rosa en el ojal y todo...

PADRE. ¡Todo tiene un límite, hasta las bromas! ¿No te parece
a ti también, Kerstin?

MUJER. Knut es terrible, pero no hay que tomar en serio lo
que dice, porque no es eso lo que quiere decir...

PADRE. ¡Pues si no dice lo que quiere decir, es que es idiota!
(Se pone a mirar un retrato comenzado del AMIGO*)*. ¿Quién
es este?

HIJO. Ya lo ves, es el amigo..., en familia.

PADRE. Tiene expresión vulgar... Da la impresión de ser mala
persona... Por lo menos aquí, en el retrato.

HIJO. ¡Sí, pero no lo es!

PADRE. Las personas que no tienen religión son malas personas, y el hombre que rompe el matrimonio es una mala
persona.

HIJO. Pero no es él quien ha roto su matrimonio, le ha pedido al tribunal que pronuncie la disolución.

PADRE. En otros tiempos siempre hablabas mal de tu amigo,
¿cómo es que ahora te ha dado por cogerle tanto cariño?

HIJO. Pues porque antes no lo conocía y ahora lo conozco.
¿Se te quitaron ya las ganas esas de gruñir que te dan por
la mañana?

PADRE. ¿Has oído el refrán que dice...?

HIJO. ¡He oído todos los refranes y todas las anécdotas!

PADRE. «Hay tiempo de amar..., ¡y tiempo de odiar!». Que lo pases bien. *(Sale)*.

ESCENA CUARTA
Los mismos, sin el PADRE.

MUJER. *(A la* PRIMA, *que quiere regar las flores)*. ¡Ya están regadas las flores, querida!

PRIMA. ¡Haz el favor de no llamarme querida, porque no es sincero, tú me odias!

MUJER. ¡No te odio, aunque bien es cierto que eres la causa de todas las discordias en la familia!

HIJO. ¡Vaya, ya empezáis ahora también vosotras!

MUJER. La verdad es que me gustaría poder ver buena voluntad en Adèle por ocuparse tanto de mi casa, pero en su manera de hacerme favores hay siempre un reproche, una crítica.

PRIMA. Eso es lo que te parece a ti, porque abandonas tu casa y a tu hijo, mientras que todas mis acciones no tienen más que un objeto, y es ser útil, para no tener la sensación de que estoy aquí de caridad. ¡Pero mira que tú...!

HIJO. *(Se acerca a la* PRIMA *y la observa)*. ¿Tienes temperamento tú? ¡Pues entonces también tendrás pasiones!

Mujer. ¡Vaya, tú que hablas de pasiones!

Prima. ¡Sí, ya sé, los pobres no tenemos derecho a tener caprichos, opiniones, voluntad, pasiones! Pero los que se casan con gente rica ya pueden ponerse el mundo por montera con la bendición nupcial y comer con buenos manteles y meterse en camas bien mullidas, y vivir como quieren, día y... noche.

Mujer. ¿No te da vergüenza hablar así?

Prima. ¡Tú ten cuidado conmigo! ¡Que tengo buenos ojos, y mejores oídos! *(Sale)*.

ESCENA QUINTA
Los mismos, menos la Prima.

Hijo. ¡Parece que anda suelto el malo hoy por aquí!

Mujer. ¡Todavía no, pero no te preocupes, que ya se andará! ¡Y tú ten mucho cuidado con la chica esa! ¿Se te ha ocurrido alguna vez que tu madre podría morirse?

Hijo. Bueno, ¿y qué?

Mujer. ¡No, nada, que entonces a lo mejor tu padre se vuelve a casar!

Hijo. ¿Con Adèle?

Mujer. ¡Justo!

Hijo. Bueno, eso podríamos impedirlo, pienso yo... ¡O sea, que se convirtiera en mi madrastra y lo heredara todo!

MUJER. Se rumorea que tu padre ha hecho ya testamento a favor de Adèle.

HIJO. ¿Qué sabes tú de sus relaciones?

MUJER. ¡Todo! ¡Y nada! ¡Lo que se sabe es que está encaprichado de la chica!

HIJO. Encaprichado, bueno, sí, es posible, pero nada más.

MUJER. ¡Pero tan encaprichado que ya el año pasado estaba celoso de Axel!

HIJO. ¿Y no podríamos arreglárnoslas para casar a esos dos?

MUJER. ¡Axel no se deja cazar tan fácilmente!

HIJO. ¡Con lo inflamable que es, como todos los viudos!

MUJER. Sí, pero me da pena... Es demasiado bueno para ese demonio.

HIJO. No sé lo que pasa este año, pero me parece que el aire se está poniendo espeso y pesado, como si amagase tormenta, y siento un gran deseo de alejarme de aquí, irme de viaje.

MUJER. Sí, pero no vendes ningún cuadro, ¡y si nos vamos de viaje, tu padre nos escamotea el patrimonio! Tenemos que hablar de todo esto con Axel, porque a él se le da muy bien eso de aclarar líos ajenos, aunque nunca supo cuidar de sí mismo.

HIJO. No sé, la verdad, si sería prudente hablar a extraños de cosas de familia...

MUJER. ¡No sé cómo puedes llamar extraño al único amigo que tenemos!

Hijo. Sí, todo lo que tú quieras, pero la familia es la familia. Y, además..., no sé..., el viejo suele decir: «Trata siempre a tus amigos como si pudieran volverse enemigos».

Mujer. Ahora me vienes con los refranes del viejo. También tiene otro, repulsivo, por cierto: «Teme a quien amas».

Hijo. ¡Sí, la verdad, cuando se lanza, se pone pesadísimo!

Mujer. (Mirando hacia fuera). ¡Vaya, hombre, por fin! (Va hacia el Amigo). ¡Buenos días, señor dormilón!

ESCENA SEXTA

Los mismos. El Amigo *va vestido de verano, de colores claros, con pañuelo azul al cuello y zapatos blancos de tenis.*

Hijo. ¡Muy buenos días!

Amigo. ¡Buenos días, amigos! ¡No habréis estado esperándome!

Mujer. ¡Pues claro que sí!

Hijo. ¡Mi mujer estaba desesperada pensando que no habrías podido dormir esta noche!

Amigo. (Inquieto). ¿Por qué? ¿Por qué?

Hijo. (A su Mujer). ¡Pero qué tímido es!

(La Mujer *mira fijamente al* Amigo, *con curiosidad*).

AMIGO. Hace una mañana preciosa, y, cuando se duerme bajo el mismo techo que dos personas felices, ¡la vida misma es capaz hasta de sonreírle a uno y todo!

HIJO. ¿Piensas que somos felices?

AMIGO. Sí, y tu padre es doblemente feliz, porque tiene a sus hijos y a su nieto y puede vivir con ellos una vida nueva y llena de agrados. A poca gente le es dado disfrutar de una vejez así.

HIJO. ¡No envidies a nadie!

AMIGO. No, si no es envidia, al contrario, es que gozo pensando en lo bien que se les da a algunos la vida... Y eso, de paso, me hace esperar que también a mí se me dará mejor en adelante. Y, sobre todo, cuando piensa uno en lo dolorosa que ha sido la vida de tu padre... La ruina, el exilio, el vivir proscrito lejos de su familia...

HIJO. Y ahora tiene casa y bienes, y su hijo está bien casado... ¿No es eso?

AMIGO. Sí, desde luego, no cabe la menor duda.

HIJO. Oye, a propósito, ¿no estuviste tú enamoriscado de mi mujer el año pasado?

AMIGO. No, no diría yo eso, aunque la verdad es que soñaba un poco con ella... ¡Pero todo eso pasó ya!

MUJER. ¡Es usted muy inconstante, ciertamente!

AMIGO. Bueno, sí, en mis fantasías. Afortunadamente... para mí.

HIJO. Pero ¿por qué te fuiste y nos dejaste tan súbitamente el verano pasado? ¿Fue por causa de esa otra mujer, o tal vez por Adèle?

AMIGO. *(Inquieto)*. Haces preguntas un poco indiscretas.

HIJO. ¡Fue por Adèle! ¿Lo ves, Kerstin?

MUJER. ¡No sé por qué le asusta tanto!

AMIGO. ¡No son las mujeres lo que me asusta, sino mis sentimientos por las mujeres!

HIJO. La verdad es que te escabulles como nadie, no hay forma de que te aclares.

AMIGO. ¿Por qué voy a tener yo que aclararme más que otros?

HIJO. ¿Sabes lo que acaba de decir mi padre al ver tu retrato?

MUJER. ¡Knut, haz el favor!

HIJO. Pues dijo que parecía el de una mala persona.

AMIGO. Eso quiere decir que se parece al original, porque la verdad es que me siento muy malo en este momento.

MUJER. Siempre va por ahí jactándose de lo malo que es...

AMIGO. Quizá sea para ocultarlo.

MUJER. No, lo cierto es que usted es una buena persona, mucho mejor de lo que querría ser. Pero lo que tiene que hacer es no asustar a sus amigos...

AMIGO. ¿Me tiene miedo?

MUJER. A veces sí, ¡es usted tan enigmático!

HIJO. Tienes que volverte a casar, eso es todo.

AMIGO. ¡Ah, de modo que eso es todo! ¿Y con quién?

HIJO. Pues con Adèle, por ejemplo.

AMIGO. Te ruego que no hables de eso.

HIJO. Está claro que es ahí donde te duele. O sea, que fue por Adèle.

AMIGO. Bueno, amigos, vamos a ver, ¿no os parece que es hora de que me vista de oscuro?

MUJER. ¡No, nada de cambiar de ropa, la que lleva le sienta muy bien, y a Adèle le encantará!

HIJO. ¡Fíjate, mi mujer te encuentra encantador!

MUJER. ¿Tan peligroso es decirle a alguien que le sienta bien la ropa?

HIJO. ¡Bueno, no es normal que una señora le eche piropos a un caballero! Pero la verdad es que nosotros de normal tenemos bien poco.

AMIGO. ¿Me acompañáis luego a buscar habitación?

MUJER. ¿Por qué? ¿Es que no quiere vivir con nosotros?

AMIGO. ¡No, no tenía yo esa intención!

HIJO. ¡Vaya, hombre!

MUJER. ¿Y por qué no tenía intención de vivir con nosotros, si se puede saber?

AMIGO. No sé, la verdad… Pienso que es mejor dejaros vivir vuestra vida en paz. Y, además, acabaríamos cansándonos de estar siempre juntos.

MUJER. ¿Se ha cansado ya de nosotros? Le diré, eso no me gusta, de veras. Si se va a vivir a la ciudad, la gente murmurará…

AMIGO. ¿Murmurar? ¿Y de quién van a murmurar?

MUJER. ¡Bah! De sobra sabe usted lo fácil que es inventar chismes...

HIJO. ¡Nada, nada, tú te quedas aquí y se acabó! ¡Si murmuran, que murmuren! Si vives aquí, tiene que ser porque eres el amante de mi mujer, naturalmente, y si vives en la ciudad, pues está claro que es porque habéis reñido, ¡o porque te eché yo! O sea, que resulta mucho más honroso para ti que se crea que eres el amante de mi mujer, ¿no te parece?

AMIGO. Te expresas con claridad meridiana, pero en este asunto yo preferiría lo que fuese más honroso para vosotros.

MUJER. Estoy segura de que tiene alguna razón oculta que no nos quiere decir...

AMIGO. Si queréis que os sea sincero... ¡No me atrevo! ¡Sí, bueno, os lo diré! Es muy fácil acostumbrarse a vivir con los demás, a gozar de la dicha de estos, pero acaba uno fundiendo sus propios sentimientos con los ajenos, y la separación, cuando llega el momento, se hace muy dura.

HIJO. ¿Y por qué vamos a separarnos? Hale, te quedas aquí, ofrécele el brazo a mi mujer, vamos a dar un paseo.

(El AMIGO *ofrece el brazo a la* MUJER, *algo cohibido).*

MUJER. ¡Pero si le tiembla el brazo! ¡Le tiembla el brazo, Knut!

HIJO. ¡Qué buena pareja hacéis! ¡Pero es cierto, está temblando! ¡Oye, pues quédate en casa si tienes tanto frío!

AMIGO. Si me lo permitís, me quedo aquí leyendo el periódico.

MUJER. ¡Por supuesto, por supuesto! ¡Y le mandaré a Adèle, para que le haga compañía! Knut y yo salimos a hacer unas compras. *(Hace una seña hacia fuera).* ¡Ven aquí, Adèle, mira una cosa!

ESCENA SÉPTIMA
Los mismos. La PRIMA.

AMIGO. ¿Me quiere hacer compañía, señorita, mientras el matrimonio se va de compras?

PRIMA. ¿Compañía? ¿Es que le da miedo la oscuridad?

AMIGO. ¡Sí, mucho!

(Salen el HIJO *y la* MUJER*).*

AMIGO. *(Mirando a su alrededor, para cerciorarse de que están solos).* ¡No querría desaprovechar esta oportunidad de decirle algo en confianza, como pariente que es de la familia! ¿Me lo permite?

PRIMA. ¡Sí, por supuesto!

AMIGO. Ya sabe usted el cariño que le tengo a esa pareja... Veo que se sonríe, y sé lo que significa. Es verdad que Kerstin, como mujer joven que es, ejerce una atracción por encima de la amistad, pero puedo asegurarle a usted que, por lo que a eso se refiere, he sabido dominar tan bien mis sentimientos que solo en una ocasión temí que se me desbocaran.

PRIMA. No me extraña nada que esté usted un poco enamoriscado de Kerstin, porque conozco su talento para cazar, pero que encuentre la compañía de Knut tan atractiva, eso ya no lo entiendo. Es un hombre insignificante, y muy inferior a usted, tanto en talento como en experiencia...

AMIGO. Un niño de pies a cabeza, ¿no es eso lo que quiere decir? Bueno, pero justamente por eso encuentro reposo en él, después de pasarme un invierno entero tratando con intelectuales...

PRIMA. Sí, jugar con niños es un sosiego, aunque puede acabar cansando, pero usted no se cansa nunca de Knut. ¿Por qué?

AMIGO. Nunca me he parado a pensarlo, pero usted sí que parece haberlo pensado. ¿Qué razón diría que puede haber?

PRIMA. Pues que usted, sin darse cuenta de ello, está enamorado de Kerstin.

AMIGO. No lo creo, más bien lo que ocurre es que los quiero a los dos, marido y mujer, juntos, de modo que no encuentro el mismo agrado en la compañía de uno de ellos que en la de ambos. ¡Y si pensase en ellos por separado, me alejaría de los dos! Pero demos por supuesto que es como usted dice, que estoy enamorado de Kerstin: daría igual, mientras fuera capaz de ocultar mis sentimientos.

PRIMA. Los sentimientos tienen la particularidad de que se comunican por sí solos, y el fuego se extiende.

AMIGO. Es posible. A pesar de todo, yo diría que no hay ningún peligro. Puede estar usted segura de que yo, que acabo de pasar por todos los sufrimientos de un divorcio, no tengo ganas de presenciar otro ni de ser culpable de él. Y, por lo demás..., la señora Kerstin está enamorada de su marido.

PRIMA. ¿Enamorada? Eso ella no lo ha estado en su vida, y el amor de esos dos no pasa de ser un tranquilo capricho matrimonial. Pero Knut es un hombre apasionado, que algún día acabará cansándose de fresas con leche...

AMIGO. ¡Seguro que usted ha estado prometida!

PRIMA. ¿Y por qué?

AMIGO. ¡Porque parece usted muy experta en estas cosas! ¡Y precisamente por eso voy a profundizar un poco más! ¡A mí me da la impresión de que aquí han cambiado mucho las cosas desde el año pasado!

PRIMA. ¿De qué manera?

AMIGO. Me parece encontrar aquí una atmósfera distinta, otra forma de hablar y de pensar... ¡Es algo que me tiene inquieto!

PRIMA. ¿Lo nota usted? ¡Sí, esta es una familia la mar de extraña! El padre, rentista desocupado desde hace diez años; el hijo, desocupado, nacido para rentista. Aquí la gente come, duerme y espera la muerte, pasando el tiempo de la manera más agradable posible. Ningún objetivo en la vida, ninguna ambición, ninguna pasión, pero la sapiencia de Salomón por todas partes. No sé si se habrá dado cuenta de que aquí hay una frase que se repite constantemente: «¡Ese es una mala persona!», y que sirve de respuesta a todo.

AMIGO. Es notable lo bien que habla usted. Y lo bien que capta las cosas.

PRIMA. ¡Sí, perspicaz como el odio!

AMIGO. ¡Los que odian como odia usted tienen que saber amar también!

PRIMA. ¡Hum!

AMIGO. Señorita Adèle, ahora que ya hemos hablado mal de nuestros amigos, tendremos que hacernos amigos, queramos o no.

PRIMA. ¡Queramos o no!

AMIGO. ¡Démonos la mano! ¡Pero prométame que no me odiará... a mí!

Prima. *(Le coge la mano que el* Amigo *le tiende).* ¡Qué fría tiene la mano!

(Aparece un momento la Mujer *en la puerta).*

Amigo. ¡Tanto más siento el calor de la suya!
Prima. ¡Silencio, ahí está Kerstin!
Amigo. Tendremos que continuar esta conversación más adelante.

ESCENA OCTAVA
El Amigo. *La* Prima. *La* Mujer.

(Silencio en la escena).

Mujer. ¡Qué silencio, de pronto! ¿Es que acaso interrumpo algo?
Prima. ¡No, nada, en absoluto! ¡Soy yo sin duda quien molesta!
Mujer. *(Tendiendo una carta al* Amigo). ¡Una carta para usted! ¡Es de una mujer!

(El Amigo *mira la carta y palidece).*

MUJER. ¡Qué pálido se ha puesto! ¡Si sigue teniendo frío, le dejo mi toquilla!

(Se quita la toquilla y se la echa a él sobre los hombros).

AMIGO. ¡Gracias! ¡Por lo menos da calor!
PRIMA. ¿No querrá también un cojín para los pies?
MUJER. Harías mejor en ir a decir que enciendan el fuego en la habitación, porque aquí hace una humedad del demonio en cuanto llueve varios días seguidos.
PRIMA. ¡Sí, en esto tienes razón!
AMIGO. ¡Pero, por Dios, no se molesten tanto por mí!
PRIMA. ¡No es ninguna molestia!

ESCENA NOVENA
El AMIGO. *La* MUJER. *Silencio.*

AMIGO. ¡Qué silencio!
MUJER. ¡Sí, justo como hace un momento! ¿Qué secretos se traían ustedes dos?
AMIGO. No, nada, estaba quejándome un poco, es una costumbre que no se me quita.
MUJER. ¡Pues quéjeseme también a mí un poco! ¿Se siente usted desgraciado?

AMIGO. Y más que nada porque no puedo trabajar.

MUJER. Y no puede trabajar porque...

AMIGO. Sí, ¿por qué?

MUJER. ¿Sigue queriendo a su mujer?

AMIGO. No, a ella no, a su recuerdo.

MUJER. ¡Pues recuérdela!

AMIGO. ¡No, nunca!

MUJER. ¿Fue por ella por quien nos dejó usted el otoño pasado?

AMIGO. No, no fue por ella; fue por otras, ya que me lo pregunta.

MUJER. ¡Uy!

AMIGO. Sí, cuando fallan los frenos, es un alivio rodar por el fango. Así se curte la piel.

MUJER. ¡Uy, qué cosas dice!

AMIGO. Por lo demás, hay fango legítimo e... ilegítimo.

MUJER. ¿Qué quiere decir?

AMIGO. Bueno, usted está casada, y no somos niños pequeños... En fin, lo que quiero decir es que en el matrimonio se descansa como sobre tierra consagrada; y fuera de él, sin consagrar. ¡Pero es tierra en los dos casos!

MUJER. No va a comparar usted...

AMIGO. Sí, y tanto que comparo.

MUJER. ¿Y con qué clase de mujer estaba usted casado?

AMIGO. Una chica decente, de la mejor familia.

MUJER. ¿Y la quería usted?

AMIGO. ¡Demasiado!

MUJER. ¿Y después?

AMIGO. Nos odiamos.

MUJER. Pero ¿por qué? ¿Por qué?

AMIGO. ¡Esa es una de las muchas preguntas que la vida deja sin respuesta!

MUJER. ¡Pero tiene que haber una causa!

AMIGO. Eso pensaba yo también, pero lo que ocurrió fue que las causas eran consecuencia de nuestro odio. Las discordias no fueron causa de la ruptura, sino que comenzaron cuando se acabó el amor. Por eso, ya ve usted, los matrimonios felices son aquellos donde no hay amor.

MUJER. *(Ingenua)*. Sí, la verdad, Knut y yo nunca hemos tenido disgustos serios.

AMIGO. ¡Acaba de ser usted muy sincera conmigo, señora Kerstin!

MUJER. Pues ¿qué es lo que dije?

AMIGO. ¡Que nunca quiso a su marido!

MUJER. ¿Querer? ¿Y qué es eso de querer?

AMIGO. ¡Qué pregunta, y la hace una mujer casada! ¿Qué es querer? Pues es una cosa que se hace, pero que no se puede explicar.

MUJER. ¿Era bella su mujer?

AMIGO. Yo pensaba que sí. Y era como usted, por cierto.

MUJER. ¿Es que me encuentra usted bella?

AMIGO. ¡Sí!

MUJER. Pues mi marido no pensaba así, hasta que usted se lo dijo, y es curioso lo tierno que está conmigo desde que está usted aquí. ¡Es como si su presencia le inflamase!

AMIGO. ¡Ah, será por eso por lo que insiste tanto en que me quede aquí! ¿Y usted?

MUJER. ¿Yo?

AMIGO. Lo mejor será que dejemos el tema antes de que vayamos demasiado lejos.

MUJER. *(Enfadada).* ¿Qué quiere decir? ¿Qué es lo que piensa de mí?

AMIGO. ¡Nada malo, señora Kerstin! ¡Nada! ¡Perdóneme si la he ofendido!

MUJER. ¡Me ha herido usted, y mucho! Pero de sobra sé lo mal que piensa de las mujeres.

AMIGO. ¡No de todas! Usted es para mí...

MUJER. ¿Qué?

AMIGO. La mujer de mi amigo, y por lo tanto...

MUJER. ¿Y si no lo fuese?

AMIGO. ¿No sería mejor que dejásemos el tema? Señora Kerstin, me da usted la impresión de no estar acostumbrada a recibir cumplidos de los hombres...

MUJER. ¡No, claro que no lo estoy, y por eso me gusta tanto que me quieran! ¡Aunque solo sea un poco!

AMIGO. ¡Un poco! Tiene usted ciertamente disposición para la felicidad, si le pide tan poco a la vida.

MUJER. ¿Qué sabe usted de lo que yo le pido?

AMIGO. ¿Es usted ambiciosa? ¿Le gustaría quizá luchar por salir, por subir, por ser algo?

MUJER. ¡No! ¡No es eso! ¡Es esta vida monótona, sin nada que hacer, sin emociones, sin que ocurra nunca nada! Le diré, a veces soy implacable, me deseo a mí misma un gran dolor, que haya una epidemia, un incendio... *(En voz baja)*. ¡Que muera mi hijo! ¡Morir yo misma!

AMIGO. ¿Sabe usted lo que es eso? Es la inactividad, el exceso de felicidad terrena, y quizá alguna otra cosa.

MUJER. ¿Qué otra cosa?

AMIGO. ¡Los excesos!

MUJER. ¿Cómo dice?

AMIGO. No quiero repetir la palabra, sobre todo porque veo que la ha oído bien, pero, como no quería darle ningún matiz feo, ¡no creo haberla podido ofender!

MUJER. Es usted distinto de las demás personas: ¡abofetea a sus amigos en plena cara como la cosa más natural del mundo!

AMIGO. También es verdad que hay mujeres a quienes gusta que las abofeteen.

MUJER. ¡Me da usted miedo!

AMIGO. ¡Me parece muy bien!

MUJER. ¿Quién es usted? ¿Qué quiere? ¿Cuáles son sus intenciones?

AMIGO. ¡No sea tan curiosa sobre mí, señora Kerstin!

MUJER. Una impertinencia más.

AMIGO. ¡No, un consejo de amigo! No sé si se ha dado cuenta de que reñimos siempre que no está su marido. Eso no es un buen signo.

MUJER. ¿Signo de qué?

AMIGO. ¡De una larga amistad! Es signo de que necesita una distracción.

MUJER. A veces pienso que le odiaría.

AMIGO. ¡Pues eso sí que es buen signo! ¿Y nunca ha pensado que podría amarme?

MUJER. Sí, a veces.

AMIGO. ¡Dígame cuándo!

MUJER. Quiero corresponder a su franqueza... ¡Sí, cuando le veo hablar con Adèle!

AMIGO. Eso me recuerda de manera sorprendente que el fuego de su marido siempre se enciende por usted cuando estoy yo presente. O sea, que la señorita Adèle y yo tenemos por misión atizar el fuego.

MUJER. *(Ríe).* Eso que dice resulta tan gracioso que ni siquiera tengo tiempo de enfadarme.

AMIGO. No debe enfadarse nunca, porque le sienta muy mal. Pero, para cambiar de tema, ¿dónde está su marido?

(El Amigo *se levanta y mira por la ventana; La* Mujer *se pone también a mirar por la ventana).*

Amigo. No era mi propósito llamar su atención sobre lo que está pasando en el jardín...

Mujer. ¡Como si fuera esta la primera vez que veo a Knut besar a Adèle!

Amigo. Pero lo que me inquieta es que la señorita Adèle no encienda en usted amor por su marido. ¡Son muchas las cosas que me inquietan aquí este año! ¿Sabe lo que le digo? ¡Pues que hay algo que huele a podrido en esta casa!

Mujer. ¿Lo cree así? ¡Pues yo no lo noto! Todo esto, además, es puro juego.

Amigo. ¡Sí, jugar con cerillas, cuchillos de caza y cartuchos de dinamita! La verdad, me parece siniestro.

ESCENA DÉCIMA
Los mismos. El Padre, *con el sombrero puesto.*

Padre. ¿Está aquí Knut?

Mujer. ¡No, salió de compras! ¿Le querías para algo?

Padre. Sí, claro, por eso pregunto por él. ¿Y Adèle?, ¿la has visto?

Mujer. No, hace un buen rato.

PADRE. *(Advierte la presencia del* AMIGO*).* ¡Perdone, no le había visto! ¿Qué tal le va?

AMIGO. Muy bien, muchas gracias, ¿y a usted, señor, qué tal le va?

MUJER. ¿Es algo que pueda hacer yo?

PADRE. ¡Sí, si me quisieras hacer el favor! Pero quizá os esté estorbando, si es así, me voy y vuelvo luego.

MUJER. ¡Cómo vas a estorbar...!

PADRE. Verás, se trata de lo siguiente: es que tengo mosquitos en mi dormitorio y pensaba pediros que me dejarais dormir en vuestro cuarto del desván.

MUJER. ¡Qué lástima, acabamos de cedérselo al señor Axel!

PADRE. ¡No, por supuesto, que siga allí! Si llego a saberlo, naturalmente, no se me habría ocurrido proponer...

AMIGO. Ni yo habría aceptado dormir allí de haber sabido...

PADRE. ¡No, no, por Dios, que no me voy a ver durmiendo en la calle! ¡Y no es cosa de inquietarse por tan poco! *(Silencio).* ¿Ha empezado ya Knut a pintar?

MUJER. ¡No, no está con ánimos!

PADRE. Jamás tuvo ánimo para trabajar, y ahora menos que nunca.

MUJER. ¿Querías algo más?

PADRE. ¡No, nada! ¡Es igual, no te preocupes! ¡Ah, sí, otra cosa! ¿Me harás el favor de no mencionar a Knut esto de la habitación?

MUJER. ¡Me lo callaré con mucho gusto!

PADRE. Hazte cargo, no hay necesidad de armar tanto jaleo... por nada. Habría sido otra cosa de haber estado libre la habitación, porque entonces yo podría haber dormido en ella, pero, como está ocupada... ¡Bueno, adiós, hasta luego! *(Sale)*.

ESCENA UNDÉCIMA
El AMIGO. *La* MUJER.

AMIGO. ¡Disculpe, señora Kerstin, tengo que dejarla un momento!

MUJER. ¿Y adónde va tan de prisa?

AMIGO. ¡Eso... no puedo decirlo!

MUJER. ¡Ya sé, va a alquilar una habitación! ¡Hágame el favor de no hacerlo!

AMIGO. *(Con el sombrero en la mano)*. ¿Piensa acaso que voy a seguir en esta casa después de que me han puesto en la calle tan finamente?

MUJER. *(Trata de quitarle el sombrero)*. ¡No, no se vaya! Nosotros no le hemos echado. Y, además...

ESCENA DUODÉCIMA
Los mismos. El Hijo.

Hijo. ¿Qué? ¿Pegándoos? ¿O es una declaración de amor?

Mujer. Nada, riñas de amantes, pero ¿me creerás, Knut, que el precipitado este salía a buscarse una habitación porque papá quería la del desván?

Hijo. ¿Dormir él en nuestro cuarto del desván? ¡Lo que pasa es que quería husmear lo que estabais haciendo! ¡Hale, ponte de rodillas y pide perdón a la señora ahora mismo!

(El Amigo *se arrodilla).*

Hijo. ¡A besarle el pie se ha dicho! Y te aseguro que tiene los pies bonitos.

Amigo. *(Hace como que le besa un pie; se levanta).* ¡Bueno, ya he pedido perdón por querer salir por una habitación! ¡Y ahora disculpadme un momento! *(Sale apresuradamente).*

Mujer. *(Irritada).* ¡Señor Axel!

ESCENA DECIMOTERCERA
El HIJO. *La* MUJER.

MUJER. ¡La verdad es que es intolerable que el viejo se permita meterse de esta manera en nuestras cosas y sembrar la discordia en esta casa! Ya verás cómo ahora no tenemos un momento de paz, ni de noche ni de día.

HIJO. ¡Pues tendremos que acostumbrarnos! Pero, la verdad, ¡también tú podrías disimular un poco más tus sentimientos!

MUJER. ¿A qué sentimientos te refieres? ¿Qué es lo que quieres decir? ¿No vas a resultar ahora... celoso?

HIJO. ¿Cómo? ¡Qué cosas dices, mujer! ¡Me refería a lo que te irrita mi padre!

MUJER. Bueno, anda, ¡déjate de sentimientos! ¡Coge este pañuelo, a ver si vas por ahí como Dios manda! *(Se saca un paquete del bolsillo).*

HIJO. ¿Otro pañuelo nuevo? ¡Otro azul!

MUJER. *(Anudándose al cuello un pañuelo azul).* ¡Sí, y vas a dejar de ir por ahí con la ropa sucia! ¡Y te vas a arreglar mejor el bigote!

HIJO. ¡Pues, hija, la cosa está clara a más no poder!

MUJER. ¿Qué cosa?

HIJO. Pues que ahora voy a tener que comprarme también ropa de colores claros y zapatos de tenis.

MUJER. No creas que te sentaría mal, porque estás empezando a engordar.

HIJO. ¡Claro! Y ahora voy a tener que empezar a adelgazar, ¿no? Y quedarme hecho unos zorros. ¡Y, puestos a ello, pues también podría divorciarme!

MUJER. ¡Knut, no me niegues ahora que estás celoso!

HIJO. ¿Y no se te ha ocurrido pensar que estás pasándote de la raya? Pero ¡fíjate qué cosa más curiosa, estoy celoso sin envidia y sin rencor! ¡A Axel le tengo tanto cariño que no le negaría nada! ¡Nada!

MUJER. ¿Nada? ¡Eso es mucho decir!

HIJO. ¡Pues así es! ¡Es una locura, es criminal, es vil todo lo que quieras, pero, si me pidiera dormir contigo, le dejaría!

MUJER. Estás completamente desquiciado. Mucho te he oído y mucho te he aguantado...

HIJO. ¿Qué culpa tengo yo de que sea así? Mira, a veces tengo una visión que me persigue, tanto despierto como dormido: pienso que os veo juntos. Y no me hace sufrir, más bien gozo viéndoos, ¡como se ve algo muy agradable!

MUJER. ¡Es el colmo!

HIJO. Quizá sea un caso extraño, ¡pero reconocerás que resulta la mar de interesante!

MUJER. A veces pienso que quieres deshacerte de mí.

HIJO. ¡No puedes creer una cosa así!

MUJER. ¡Sí, a veces lo pienso! Me parece como si estuvieras empujando a Axel hacia mí, para que me eche en sus brazos, para tener así un motivo y divorciarte de mí.

HIJO. Pues es increíble. Dime una cosa, Kerstin: ¿os habéis besado alguna vez?

MUJER. Por lo más sagrado, ¡no!

HIJO. Pues júrame que, cuando llegue el momento, me lo dirás claramente, a la cara: «Mira, pasa esto».

MUJER. ¡Knut, ten cuidado con tu cabeza, que te vas a trastornar!

HIJO. ¡Exacto! Que me engañen no me gusta; apartarme no es que me guste, pero sería mejor.

MUJER. ¡Bueno, acaba de una vez con tus sermones, que tengo que empezar yo con los míos! ¿Qué relaciones tienes tú con Adèle?

HIJO. ¡Las que tú misma conoces y apruebas!

MUJER. ¡Yo nunca he aprobado ningún adulterio!

HIJO. Hay que ver cómo cambian las cosas. ¡Lo que antes era inocente ahora resulta que es nada menos que adulterio!

MUJER. ¡Pues justo como ahora mi inocente relación con Axel!

HIJO. Bueno, sí, inocente hoy, ¡pero vete a saber lo que será mañana!

MUJER. ¡Pues espera a mañana!

HIJO. ¡No, no quiero esperar hasta que sea demasiado tarde!

MUJER. Entonces, ¿qué es lo que quieres?

HIJO. No lo sé. ¡Sí, poner fin a esto! ¡Si es que tiene fin! ¡Hemos tejido la red nosotros mismos y ahora nos vemos cogidos en ella! No sabes lo que lo odio cuando no está conmigo. Pero, en cuanto lo vuelvo a ver y me mira, lo vuelvo a querer, como a un hermano, como a una hermana... ¡Ahora comprendo que estés también tú bajo su influencia! Pero no me comprendo bien a mí mismo. Me parece como si, al llevar tanto tiempo solo por aquí entre faldas, mis sentimientos se hubiesen afeminado, y como si tu amor por él se me hubiese contagiado. ¡Tienes que quererlo enormemente, aunque no te des cuenta de ello tú misma!

MUJER. ¡Es verdad! ¡Y no quieres reconocer que la culpa es tuya!

HIJO. ¡Igual que tú!

MUJER. ¡Igual que tú!

HIJO. ¡Igual que tú! ¡Me voy a volver loco!

MUJER. ¡Te creo capaz!

HIJO. ¿Y no te da pena?

MUJER. ¿Cómo voy a tenerte pena si me estás atormentando?

HIJO. ¡Nunca me quisiste!

MUJER. ¡Nunca me quisiste!

HIJO. ¡Y ahora vamos a seguir riñendo así hasta el día de nuestra muerte!

MUJER. ¡Pues terminemos entonces de una vez! ¡Hale, vete a bañar a la playa, así te tranquilizarás!

HIJO. Lo que pasa es que quieres estar sola.

ESCENA DECIMOCUARTA
Los mismos. El AMIGO.

AMIGO. *(Contento).* ¡Esto es lo que se llama tener suerte! Justo cuando salía, me tropecé con la señorita Adèle, que tenía precisamente una habitación...

MUJER. ¿Es que también alquila habitaciones?

AMIGO. ¡No, es que sabía de una habitación!

MUJER. ¡La verdad es que esa chica lo sabe todo!

AMIGO. *(Al* HIJO, *ofreciéndole la pitillera).* ¿Quieres un cigarrillo?

HIJO. *(Brusco).* ¡No, gracias!

AMIGO. ¡Qué pañuelo más bonito llevas!

HIJO. ¿Te gusta?

AMIGO. ¡Habéis estado hablando mal de mí durante mi ausencia! ¡Os lo noto!

HIJO. *(Agitado).* ¡Disculpa, tengo que ir a bañarme! *(Sale apresuradamente).*

ESCENA DECIMOQUINTA
El Amigo. *La* Mujer.

Amigo. ¿Qué le pasa?

Mujer. ¡Tiene celos!

Amigo. ¡Ah! Pero no hay motivo alguno.

Mujer. ¡Pues Knut piensa que lo hay! ¿Por dónde cae la habitación que te recomendó Adèle?

Amigo. *(Distraído).* ¿Adèle? ¡Ah, sí, aquí al lado, frente a donde está el piloto!

Mujer. ¡Está muy bien pensado, porque desde allí se puede ver lo que pasa en su habitación! ¡Menuda intrigante está hecha!

Amigo. Yo diría que a Adèle eso ni siquiera se le ha pasado por la imaginación.

Mujer. ¿Adèle? ¿Es que se tutean?

Amigo. Señora Kerstin, no venga ahora con fantasmas que asustan y despiertan sentimientos que no tienen por qué existir. Hágame caso, de lo contrario, no tendré más remedio que...

Mujer. Que irse de aquí, como de costumbre, de viaje. Pero no debe irse. ¡No tiene ningún derecho!

Amigo. *(Encendiendo un cigarrillo).* Derecho, no. ¡Pero deber quizá sí!

Mujer. ¡Si es usted mi amigo, no me dejará aquí indefensa, en esta casa, donde mi honor corre peligro! ¡Donde el criminal de mi marido, con ayuda de sus padres, puede permitirse todas las bajezas que quiera! ¿Creería usted que ha llegado a tal grado de indignidad que, si se presentara el caso, estaría dispuesto a... a echarme en brazos de usted?

AMIGO. ¡Pues sí que es esa una forma amable de tener celos! ¿Y qué le contestó usted a eso?

MUJER. ¿Y qué quiere que le contestase?

AMIGO. ¿A mí me lo pregunta?

MUJER. *(Histérica).* ¡Juega usted conmigo como el gato con su presa! ¡Ve que estoy cogida en sus redes, que sufro y lucho por liberarme, y no lo consigo! ¡Tenga piedad de mí, concédame una sola mirada, siempre en espera de ruegos y sacrificios! *(Cae de rodillas).* ¡Es usted tan fuerte, usted, que sabe dominar sus pasiones, tan altivo, tan íntegro, pero eso es porque no ha amado nunca, nunca ha amado como yo le amo!

AMIGO. Ah, ¿no? ¡Levántese, señora Kerstin! ¡Y vaya a sentarse allá, en el sofá ese! ¡Muy bien, así se hace! ¡Y ahora podré yo decirle lo mío! *(Se sienta, con el cigarrillo en la mano).* Yo la he amado a usted, como se suele decir, desde el primer momento en que la vi. ¿Recuerda aquel atardecer, cuando nos conocimos, el año pasado? Su marido estaba en el valle, pintando, cuando pasé a su lado. Me presentaron a usted, y nos quedamos allí los dos, de pie, charlando, hasta que nos cansamos. Usted se sentó sobre la hierba, invitándome a sentarme a su lado. Pero había caído rocío y yo no quería mojarme Entonces se desabrochó usted la capa y me propuso que me sentase en el borde; para mí fue como si se hubiese abierto el vestido para invitarme a descansar contra su seno. Me sentía muy desgraciado, muy cansado y abandonado, y refugiarme en su capa, junto a usted, me parecía muy cálido y suave. Lo que yo quería era deslizarme realmente bajo su capa, esconderme en su joven y virginal seno, pero me dio vergüenza, porque vi en sus ojos inocentes una vaga sonrisa al vislumbrar que todo un hombre como yo se sentía intimidado. Nos volvimos a ver con mucha frecuencia. Su marido parecía gozar de mi admiración por usted, y parecía que yo le hubiese descubierto su propia mujer a él. Caí preso de usted, y usted jugó conmigo. Su marido no tenía ningún reparo en tomarme el pelo abiertamente, hasta cuando había invitados. A veces su vanidad y su aplomo me ofendían, y hubo momentos en que me sentí tentado a echarle a un lado y tratar de ocupar su lugar. ¿Recuerda usted la tarde en que les invité a los dos a mi casa con motivo de mi cumpleaños? Usted dijo que llegaría más tarde, y, después de esperarla una hora, la vi entrar en la sala. Llevaba una falda color pensamiento, con la cintura clara y floreada, y un sombrero de paja cubierto de batista dorada, que arrojaba un halo de luz áurea sobre su figura. Y, cuando me dio el ramo de rosas, con la audacia tímida de una chica de catorce años, la encontré tan abrumadoramente bella que me quedé mudo y no pude darle la bienvenida ni expresarle mi agradecimiento por las flores. ¡Lo que hice fue salir de allí y echarme a llorar!

MUJER. ¡Usted, por lo menos, sabía dominar sus sentimientos!

AMIGO. ¿Recuerda, luego, por la noche, después de cenar, cuando nos pasamos horas rememorando y escudriñando nuestras almas, que Knut, protocolariamente, y, es de suponer, con su aquiescencia, me invitó a vivir con ustedes en la ciudad durante el invierno? ¿Recuerda lo que contesté yo entonces?

MUJER. Sí, respondió: «¡No me atrevo!».

AMIGO. ¡Y a la mañana siguiente me fui de viaje!

MUJER. ¡Y yo me pasé el día entero llorando! ¡Y Knut también lloró!

AMIGO. ¡La de lágrimas que tendremos que derramar ahora!

MUJER. ¿Ahora?

AMIGO. No se mueva. ¡Ahora, una vez dicho todo, ya no nos queda más que separarnos!

MUJER. ¡No, no! ¡Separarnos no! ¿Por qué no vamos a poder seguir como ahora? ¡Usted es tan sereno, y yo no estoy nada inquieta! ¿Qué tiene que ver Knut con nuestros sentimientos, si los dominamos? Estamos aquí, sentados, tan tranquilos, hablando del pasado, como viejos cónyuges que hablan de su amor juvenil.

AMIGO. ¡Qué niña es usted! ¡No sé, la verdad, cómo ha sido su matrimonio, pero sigue creyendo en la amistad después de una declaración de amor! Yo estoy tan sereno como un saco de pólvora debajo de una mecha, estoy tan frío como una caldera de vapor encendida... ¡He luchado, me he atormentado, pero no puedo responder de mí!

MUJER. ¡Yo sí que puedo responder de mí!

AMIGO. Sí, lo creo, usted puede extinguir el incendio en cuanto se enciende, pero yo vivo solo. ¡Qué pensamiento diabólico! ¿Piensa usted de verdad que, después de todo esto, podría yo vivir en esta casa de las migajas que caen de la mesa del rico, alimentarme de aire, aspirar de lejos el aroma de las flores y, encima, sentir mala conciencia?

MUJER. ¡No sé por qué va a tener usted mala conciencia cuando él no se recata de tener una amante y besarla!

AMIGO. ¡No echemos culpas a otros, no echemos culpas a otros! ¡Nos vemos ante el precipicio y no nos queda otra salida que caer al mar! No, seamos originales, aunque solo sea una vez, demos al mundo ejemplo de conducta honorable. En cuanto llegue Knut, le decimos, sin más: «Mira lo que pasa, nos queremos. ¡Danos un buen consejo sobre la mejor manera de resolver esto!».

MUJER. ¡Qué gran idea! ¡Qué idea más noble! ¡Sí, justo eso es lo que vamos a hacer, y luego que sea lo que Dios quiera! ¡Y esto podemos hacerlo con la frente alta, porque no hemos cometido ningún delito!

AMIGO. Bueno, sí, pero... ¿y después? ¿Qué hacemos? Porque él me dirá que me vaya, como es natural.

MUJER. ¡O que se quede!

AMIGO. Pero ¿con qué condiciones? ¡Que todo siga como antes! ¡Y eso no lo puedo aceptar! ¡Piensa acaso que yo, después de todo esto, podré presenciar sus caricias, oírles cerrar la puerta de su dormitorio por la noche? ¡No! ¡No le veo solución a esto! ¡Pero es preciso que él lo sepa, porque, de otra forma, nunca podré mirarla a los ojos, nunca podré apretar su mano! Es preciso que se lo digamos todo, y luego ya veremos...

MUJER. ¡Ojalá hubiese pasado ya ese momento que ahora es inevitable! ¡Dígame que me quiere, porque, si no, no tendré valor para darle la puñalada! ¡Dígamelo, dígame que me ama!

AMIGO. *(Sigue sentado, igual que la* MUJER*).* Te amo con cuerpo y alma, amo tus piececitos, que veo asomar bajo el dobladillo de tu vestido, amo tus dientecitos blancos y tu boca, que invita a besos, tus orejas y tus ojos sensuales y amantes... Amo toda tu figura, ligera y airosa, querría echármela al hombro y salir corriendo con ella camino de los bosques. Siendo yo joven, recogí a una chica en la calle, la levanté en mis brazos y subí corriendo, con ella a cuestas, cuatro tramos de escalera... ¡Yo era joven entonces, fíjate, y ahora soy ya todo un hombre!

MUJER. ¡Amas también a mi alma!

AMIGO. ¡Amo a tu alma, porque es más débil que la mía, fogosa como la mía, infiel como la mía!

MUJER. ¿No quieres que suba ahora contigo a tu cuarto?

AMIGO. ¡No, no, nada de eso!

MUJER. Ya viene Knut, oigo sus pasos y no tengo valor para decírselo si no te beso antes en la frente.

AMIGO. ¿Viene?

MUJER. ¡Silencio!

ESCENA DECIMOSEXTA

Los mismos. Entra el PADRE, *con sombrero puesto; va derecho hacia el* AMIGO, *que se sobresalta y se levanta.*

PADRE. (*Coge un periódico que hay en una mesa, detrás del* AMIGO). Perdóneme si molesto, quería solo coger un periódico. (*A la* MUJER). ¿Has visto a Adèle?

MUJER. ¡Ya es la quinta vez que me preguntas hoy por Adèle!

PADRE. Veo que las has contado. ¿Vas a bañarte antes de comer?

MUJER. ¡No! ¡Hoy no!

PADRE. Pues haces mal en dejar el baño, con lo delicada que estás.

(Silencio. Sale el PADRE*)*.

ESCENA DECIMOSÉPTIMA
El AMIGO. *La* MUJER.

AMIGO. ¡No, no puedo seguir más tiempo aquí! ¡No lo resisto!

MUJER. *(Se acerca a él y lo observa, con ojos relucientes)*. ¿Nos vamos de aquí?

AMIGO. ¡No! ¡Pero yo sí que me voy!

MUJER. ¡Pues entonces también me voy yo! ¡Y morimos juntos!

AMIGO. *(La coge por la cintura y la besa)*. ¡Ahora estamos perdidos! ¿Por qué habré hecho esto? ¡Se acabó el honor, se acabó la fidelidad, se acabó la amistad, se acabó la paz! ¡Fuego del infierno, que quema y chamusca todo lo que es verde y florece!

(Se separan, sentándose de nuevo cada uno en su silla).

ESCENA DECIMOCTAVA

Los mismos. Entra el Hijo *apresuradamente.*

Hijo. ¿Por qué estáis sentados tan lejos el uno del otro?

Mujer. Porque...

Hijo. ¡Qué agitados parecéis!

Mujer. Es que... *(Larga pausa).* ¡Nos queremos!

Hijo. *(Se queda mirando un momento a los dos, luego al* Amigo*).* ¿Es verdad?

Amigo. ¡Sí, lo es!

Hijo. *(Se sienta en una silla, abrumado).* ¿Y por qué tenéis que decírmelo a mí?

Mujer. ¡Es una cuestión de honor!

Hijo. ¡Muy original, pero indecente!

Mujer. Tú mismo me dijiste que, cuando llegara el momento...

Hijo. ¡Sí, es cierto! Y el momento ha llegado. Se diría que todo esto lo sabía ya, y, a pesar de todo, me resulta tan nuevo que me parece incomprensible. ¿De quién es la culpa? ¡De nadie y de todos! ¿Y qué vamos a hacer ahora? ¿Y qué es lo que va a pasar?

Amigo. ¿Tienes algún reparo que hacer a mi conducta?

Hijo. ¡No, ninguno! Huiste en cuanto sentiste el peligro; rehusaste nuestra oferta de vivir con nosotros; ocultaste tus sentimientos de tal manera que Kerstin llegó a pensar que la odiabas. Pero ¿por qué volviste?

AMIGO. ¡Porque pensé que mis sentimientos estaban muertos!

HIJO. ¡Es verosímil y te creo! Pero ahora estamos enfrentándonos con un hecho que ni provocamos ni podemos impedir; intentamos, por medio de una franqueza artificial, prevenir el peligro, lo tomamos a broma, pero se nos fue acercando y acabó cayendo sobre nosotros. ¿Y qué vamos a hacer ahora? ¡Hablemos con serenidad, tratando de seguir siendo amigos hasta el final! ¿Qué se puede hacer? *(Silencio)*. ¡Nadie responde! Pero ¿vamos a quedarnos aquí viendo cómo avanza el incendio y sin hacer nada? *(Se levanta)*. ¡Vamos a pensar ante todo en las consecuencias!

AMIGO. Lo más apropiado sería que me retirase yo, ¿no?

HIJO. ¡Sí, desde luego!

MUJER. *(Violentamente)*. ¡No, tú no te vas! ¡Si te vas, me voy yo contigo!

HIJO. ¿Llamas tú a eso hablar con serenidad?

MUJER. ¡El amor no conoce la serenidad! *(Se acerca al* AMIGO*)*.

HIJO. ¡Ahorradme por lo menos el espectáculo de vuestra lujuria! ¡Cuida un poco de mis sentimientos, al fin y al cabo, yo soy relativamente inocente en todo esto, y siempre acabo pagando las consecuencias!

MUJER. *(Cogiendo al* AMIGO *por el cuello)*. ¡Tú no te vas! ¿Me oyes?

HIJO. *(Coge a su* MUJER *por el brazo y la separa del* AMIGO*).* ¡Por lo menos comportaos como personas decentes y esperad a que yo me vaya! *(Al* AMIGO*).* Oye, amigo mío, tenemos que tomar una decisión rápidamente, porque dentro de unos minutos nos llamarán a comer. Ya veo que vuestro amor no se puede vencer y el mío, en cambio, con algún esfuerzo, sí. Por lo que a mí respecta, continuar viviendo con una mujer que quiere a otro no puede ser posible, me daría la impresión de estar viviendo en poliandria. Por lo tanto, me voy yo, pero, antes, tienes que darme garantías de que te casarás con ella.

AMIGO. No sé qué es lo que me pasa, pero lo cierto es que tu noble decisión me humilla más de lo que me habría humillado la sensación de delito si te hubiese robado a tu mujer.

HIJO. Te creo, pero a mí me humilla menos dar que ser robado. ¡Tienes cinco minutos para decidir este asunto! De modo que adiós, hasta dentro de un momento. *(Sale).*

ESCENA DECIMONOVENA
El AMIGO. *La* MUJER.

MUJER. ¿Y ahora qué?

AMIGO. ¿No te das cuenta de que he quedado en ridículo?

MUJER. ¡No! ¡No tiene nada de ridículo el comportarse honorablemente!

AMIGO. No siempre, pero, en este caso, me parece que es él quien menos ridículo resulta. ¡Y tú me despreciarás un día!

MUJER. ¡Eso es todo lo que se te ocurre decirme en un momento como este! Ahora que ya no hay nada que se interponga entre tú y yo, y podrías entregarte a mí con la conciencia tranquila..., ¡ahora vas y dudas!

AMIGO. Sí, dudo, porque esta sinceridad comienza a parecerme desvergüenza, esta honorabilidad me sabe como a crueldad...

MUJER. ¡Vaya!

AMIGO. ¡Y pienso que todo el olor a podrido que noté en esta casa es de usted de donde proviene!

MUJER. ¡O de usted! ¡Fue usted quien me sedujo con sus miradas tímidas, con su artificial frialdad, con sus brutalidades, que me enardecían como latigazos! ¡Y ahora el seductor se pone a hacerse el virtuoso! ¡Lo que faltaba!

AMIGO. Lo diré de otra manera: fue usted quien...

MUJER. ¡No, fue usted, usted, usted! *(Se deja caer sobre el sofá, gritando).* ¡Ayúdeme! ¡Me muero! ¡Me muero!

(El AMIGO, inquieto, sin saber qué hacer).

MUJER. ¿No me ayuda? ¿No tiene compasión? ¡Es usted una bestia feroz! ¿No ve que estoy enferma? ¡Ayúdeme! ¡Ayúdeme!

(El AMIGO *sigue igual).*

MUJER. ¡Vaya a llamar un médico! ¡Y hágame por lo menos el favor que cualquiera hace a un extraño! ¡Llame a Adèle!

(El AMIGO *sale).*

ESCENA VIGÉSIMA
La MUJER. *Entra el* HIJO.

HIJO. Pero ¿qué pasa? *(A su* MUJER*).* ¿No habréis reñido?
MUJER. ¡Calla! ¡Ni una palabra más!
HIJO. Pero ¿por qué iba corriendo desalado por el jardín? ¡Parecía que quisiera llevarse los árboles por delante o que se le hubiera incendiado el fondillo de los pantalones!

ESCENA VIGESIMOPRIMERA
Los mismos. La MADRE. *La* PRIMA. *Luego, el* PADRE.

MADRE. ¿Qué? ¿No venís a comer?

HIJO. Sí, gracias, nos vendrá al pelo.

MADRE. Pero ¿dónde está el señor Axel? ¿Lo tenemos que esperar o no?

HIJO. ¡No hay motivo para esperarle, porque se ha escapado!

MADRE. ¡La verdad es que es un señor la mar de raro! ¡Y yo que había asado los lenguados!

(Entra el PADRE*)*.

HIJO. *(Al* PADRE*)*. ¡Ahora ya puedes quedarte con el cuarto, si te sigue haciendo falta!

PADRE. ¡No, gracias, ya no lo necesito!

HIJO. ¡La verdad es que eres muy poco constante!

PADRE. ¡No soy el único! ¡Pero «el que sus sentidos domeña es mejor que el que de ciudades se adueña»!

HIJO. ¿Y qué me dices de este otro: «No digas a tu amigo: vete y vuelve conmigo»?

PADRE. ¡Muy bueno! ¿De dónde lo sacaste?

HIJO. ¡De Kerstin!

PADRE. ¡Ah, sí, Kerstin! ¿Te fuiste a bañar, hija mía?

HIJO. ¡No, se ha tenido que conformar con una ducha fría!

(Se oye el gong).

MADRE. ¡Hale, a la mesa!

HIJO. *(Al PADRE).* ¡Coge el brazo de mi mujer, yo cojo el de Adèle!

PADRE. ¡No, gracias! ¡Tú te quedas con Kerstin para ti solo!

El vínculo

EL VÍNCULO FUE ESCRITA EN 1892 y publicada, primero en alemán, en 1893, y en sueco en 1897. Siempre tuvo éxito, y, fuera de Suecia, se ha convertido en una de las obras teatrales más apreciadas de Strindberg. Representa de manera aproximada el propio divorcio del dramaturgo, y refleja la inquietud de este ante la posibilidad de que la educación de sus hijos pasase a depender de otro hombre. Tiene gran fuerza dramática, pero no ofrece nada nuevo, conociendo los anteriores personajes femeninos del autor, excepto, quizá, la frase con que cierra la obra, en la que el barón alude a los remordimientos que tendrá su esposa a causa de su conducta durante el proceso, y que Strindberg personificaba con el nombre de *makterna,* «los poderes», que ahora convertirán en un infierno la vida de la baronesa. *El vínculo,* según ciertos críticos escandinavos, ha servido de modelo para algunas obras teatrales europeas importantes, particularmente, dice Martin Lamm, *Justice,* de Galsworthy. Aquí Strindberg parece justificar su teoría de que los procesos judiciales son la mejor fuente de inspiración para la literatura naturalista, y que, en ellos, el papel del autor se reduce al de simple reportero.

Strindberg salió de su proceso de divorcio irritado y amargado por la sentencia, que le privaba de sus hijos. Pensaba que su mujer no solamente había recurrido a engaños, sino que había llegado incluso al perjurio. Aunque, en su caso, los niños pasaron al dominio de la madre y en *El vínculo* son ambos cónyuges los que pierden el de su hijo, Strindberg muestra en esta obra que él habría preferido que sus hijos, de no poder pasar bajo su custodia, le fueran quitados también a su madre.

La tendencia antifeminista, que no es, estrictamente, misoginia, es en esta obra menos acentuada que en sus dramas conyugales de los años ochenta. Ambos cónyuges están obsesionados por la conciencia de que el golpe que se asestan mutuamente caerá realmente sobre el niño, e, incluso después de la separación, saben que no podrán separarse del todo y que están condenados a hacerse daño el uno al otro mientras quede en ambos una chispa de vida.

EL VÍNCULO

(Tragedia en un acto)

☙

PERSONAJES

Juez de primera instancia, 27 años
Pastor, 60 años
Barón, 42 años
Los doce miembros del Jurado
Escribano
Comisario de la Policía Rural
Guardia rural
Abogado
Alexandersson, granjero
Sirvienta, Alma Jonsson
Vaqueriza
Trillador
Gente

DECORADO

Una sala de tribunal. Puerta y ventanas en el fondo; por las ventanas se ven un cementerio y un campanario. Puerta a la derecha. A la izquierda, el tribunal, en forma de cátedra, sobre un estrado y adornado con el símbolo sobredorado de la espada y la balanza. A ambos lados del tribunal, sillas y mesas para los jurados. En medio de la sala, bancos para los asistentes. Las paredes consisten en armarios empotrados, en cuyas puertas se ven tarifas fiscales del mercado y bandos.

ESCENA PRIMERA
El Comisario *de la Policía Rural y el* Guardia *rural.*

Comisario. ¿Habías visto tú alguna vez tanta gente aquí, en las audiencias de verano?

Guardia. No, nunca, desde hace quince años, cuando tuvimos aquel famoso asesinato de Alsjö.

Comisario. Pues este caso también promete ser sonado, más o menos como si hubieran asesinado a sus padres por partida doble. Fíjate: el barón y la baronesa se separan, y eso ya de por sí es gordo, pero es que hay más, porque las dos familias se disputan las propiedades y las tierras, y la cosa está que arde. Solo faltaba que se disputaran también al único hijo que tienen, porque entonces ni el rey Salomón podría resolver el asunto.

Guardia. Sí, ya, ¿y cómo va el caso este? Unos dicen una cosa y otros otra, pero alguien tendrá que ser culpable, ¿no?

COMISARIO. No siempre. A veces no tiene la culpa nadie cuando dos riñen, y otras veces la culpa de que riñan dos es solo de uno. La arpía que tengo yo en casa, por ejemplo, según dicen, se pasa el tiempo gruñendo y armando escándalo cuando está sola. Además, aquí no hay ninguna riña, se trata pura y simplemente de un caso criminal, y en la mayoría de estos casos lo que hay es que una parte demanda, o sea, la parte perjudicada, y la otra parte se defiende, y es el acusado. ¡Lo que pasa es que aquí no resulta nada fácil decidir quién es el culpable, porque las dos partes demandan y las dos se defienden!

GUARDIA. ¡Sí, ya! Pero la cosa resulta curiosa en los tiempos que corren, porque es como si las mujeres se hubiesen vuelto locas. A mi parienta le dan verdaderos ataques, y me dice que por qué no doy yo a luz, como si fuese eso justo, vamos, como si Dios no fuese quién para saber cómo tenía que hacer a la gente. Y luego me viene con unos rollos tremendos, que también ella es un ser humano, como si yo no me hubiera dado cuenta de ello o fuese por ahí diciendo lo contrario; y que ella no tiene ganas de ser mi criada, cuando la verdad es que soy yo el criado de ella.

COMISARIO. ¡Ah, de modo que también tienes tú ese problema en tu casa! Pues la mía ha dado en leer una hoja que publica la baronesa, y un día me viene, como si fuera algo notable, con que una campesina se ha puesto ahora a hacer de albañil, y otro con que una vieja ha dado una paliza a su marido enfermo. ¡No sé, la verdad, qué es lo que le pasa, pero se diría que está enfadada conmigo porque soy hombre!

GUARDIA. Sí, y te diré que no me extraña mucho. *(Ofrece rapé)*. ¡Buen tiempo tenemos! El centeno parece una bendición de Dios, y las noches de helada pasaron sin grandes problemas, menos mal.

COMISARIO. Yo no tengo cultivos, y para mí los años buenos son años malos. Tú verás, sin embargos ni subastas... ¿Conoces al nuevo juez, el que va a llevar hoy la audiencia?

GUARDIA. La verdad es que no, pero parece ser que es un joven que acaba de terminar la carrera y se estrena aquí...

COMISARIO. O sea, que será un poco puritano. ¡Vaya!

GUARDIA. ¡Sí, y tanto! ¡Mucho está durando ya el sermón!

COMISARIO. *(Pone una gran Biblia sobre la mesa del* ESCRIBANO, *y luego otras doce, de menor tamaño, sobre la del jurado)*. ¡Ahora ya no pueden tardar mucho en terminar, porque llevan ya casi una hora!

GUARDIA. Es un verdadero Hércules en esto de darle a la lengua, cuando se lanza, este pastor nuestro. *(Pausa)*. ¿Van a comparecer personalmente el barón y la baronesa?

COMISARIO. Sí, los dos, de modo que vamos a tener una verdadera batalla campal... *(Campanadas, fuera)*. ¡Bueno, ya terminó! ¡Arregla un poco la mesa y empezamos!

GUARDIA. ¿Hay tinta en el tintero?

ESCENA SEGUNDA
Los anteriores. El Barón *y la* Baronesa.

Barón. *(A la* Baronesa, *a media voz).* ¡De modo que, antes de separarnos por un año, estamos completamente de acuerdo en todo! ¡Lo primero, nada de echarnos cosas en cara uno a otro ante el tribunal!

Baronesa. ¿Es que piensas que voy a ponerme a sacar a relucir nuestra vida privada en todos sus detalles, aquí, delante de este hatajo de paletos curiosos?

Barón. ¡Muy bien! Vamos a ver, otra cosa: tú te quedas con el niño durante el año de la separación, pero a condición de que pueda venir a verme siempre que yo quiera, y de que sea educado según los principios que te dije y que tú misma has aceptado, ¿de acuerdo?

Baronesa. ¡Sí, sí, completamente!

Barón. Quedamos también en que de las rentas de la finca te asigno tres mil coronas para ti y para el niño durante el año de la separación, ¿no es eso?

Baronesa. ¡De acuerdo!

Barón. Bueno, pues entonces no tengo nada más que añadir, ¡aparte de decirte adiós! La razón de que nos separemos solo la sabemos tú y yo, y, por el bien de nuestro hijo, mejor es que no la sepa nadie. Pero te insisto, y también por su causa: no te lances a disputas, no manchemos el nombre de sus padres, que ya tendrá él oportunidad, cuando salga a este mundo cruel, de pagar las consecuencias de que sus padres estén separados.

BARONESA. ¡No pienso lanzarme a ninguna querella si se me permite conservar a mi hijo!

BARÓN. ¡Pues entonces lo mejor será que lo supeditemos todo al bien del niño y olvidemos nuestras rencillas! Y piensa, además, en una cosa: si nos disputamos el niño y nos echamos en cara el uno al otro que no tenemos aptitud para conservarlo, ¡lo único que vamos a conseguir es que el juez nos lo quite a los dos y se lo mande a los pietistas, para que lo eduquen en el odio y en el desprecio a sus padres!

BARONESA. ¡Eso no es posible!

BARÓN. ¡Y tanto que lo es, amiga mía, es la ley!

BARONESA. ¡Pues es una ley bien estúpida!

BARÓN. ¡Lo será, pero es la vigente, y hasta a ti te la pueden aplicar!

BARONESA. ¡Es antinatural, y nunca me sometería yo a una ley así!

BARÓN. ¡No tendrás ninguna necesidad, porque estamos de acuerdo en no disputárnoslo! ¡Nunca nos habíamos puesto de acuerdo en nada hasta ahora, pero en este punto lo estamos! Nos vamos a separar sin disputas. (Al COMISARIO). ¿Puede esperar en esta habitación la baronesa?

COMISARIO. ¡Sí, por favor, entren ustedes!

(El Barón *sigue a la* Baronesa *hacia la puerta de la derecha, y luego sale por el fondo).*

ESCENA TERCERA

El Comisario. *El* Guardia. *El* Abogado. *La* Sirvienta. *La* Vaqueriza. *El* Trillador.

Abogado. *(A la* Sirvienta*).* Mira, amiga mía, a mí no me cabe la menor duda de que has robado, pero, como tu señor no testifica en contra de ti, eres inocente. Ahora bien, como tu amo te ha llamado ladrona delante de dos testigos, resulta que él es culpable de difamación contra tu honor, y, por tanto, él se convierte ahora en acusado y tú en acusadora. Y no olvides nunca esta regla: el principal deber de todo culpable es negar, protestar siempre.

Sirvienta. Sí, pero el comisario acaba de decir que yo no soy culpable de nada, que el culpable es el señor.

Abogado. No, culpable lo eres, porque has robado. Lo que pasa es que, como has contratado un abogado, es ahora mi deber estricto e insoslayable limpiarte a ti de toda culpa y conseguir que tu señor resulte culpable. Por lo tanto, y por última vez: ¡niega! *(A los testigos).* Y vosotros, testigos, ¿qué es lo que tenéis que justificar? Pues oídme: todo buen testigo tiene que ir al grano, y, por lo tanto, tened bien presente que aquí no se trata de si Alma ha robado o ha dejado de robar, sino, simplemente, de que Alexandersson no tiene ningún derecho a atestar sus afirmaciones, pero nosotros sí que lo tenemos. Por qué motivo es así, el diablo lo sabrá, pero vosotros ya sabéis: ¡la lengua lista y prudente y la mano sobre la Biblia!

VAQUERIZA. ¡Dios mío, qué miedo tengo, porque no sé lo que tengo que decir!

TRILLADOR. Pues di lo que yo, y entonces no mentirás.

ESCENA CUARTA
Los mismos. El JUEZ *de primera instancia. El* PASTOR.

JUEZ. ¡Gracias por su sermón, señor pastor!

PASTOR. No hay de qué, señor juez.

JUEZ. Pues, como usted sabe, este es mi primer caso. Tengo bastante miedo de esta carrera, en la que me veo casi contra mi voluntad. Y es que, por un lado, son las leyes tan incompletas y están tan llenas de lagunas, es tan insegura la organización judicial y está la naturaleza humana tan llena de falsedad y disimulo que muchas veces me pregunto cómo puede un juez tener el valor de dictar una sentencia en firme. ¡Y hoy ha despertado usted de nuevo mis temores!

PASTOR. Ciertamente, es un deber mostrarse escrupuloso, pero no debe usted ser pusilánime. Y, después de todo, no hay nada en este mundo que no sea imperfecto, de modo que no hay por qué pensar que los jueces y sus sentencias no van a serlo también.

JUEZ. Es muy cierto eso, pero no evita que me sienta oprimido por una sensación de tremenda responsabilidad, cuando tengo el destino de seres humanos en mi poder y cuando una decisión mía puede tener consecuencias para generaciones enteras. Me refiero a este caso de separación entre el barón y su mujer, y me gustaría preguntarle a usted, que, como pastor, ha hecho a los esposos las dos advertencias de rigor, lo que piensa de su relación y de su respectiva culpabilidad.

PASTOR. O sea, que usted quiere convertirme a mí en juez, o basar su sentencia en mi testimonio. Pero yo lo único que puedo hacer es remitirle a las actas del consejo parroquial.

JUEZ. No, las conozco. Lo que yo querría saber es precisamente lo que no consta en ellas.

PASTOR. Lo que los esposos, en sus conversaciones a solas conmigo, se imputan el uno al otro, es un secreto que no puedo revelar, y, por otra parte, ¿cómo puedo yo saber quién dice la verdad y quién miente? A usted lo único que puedo decirle es lo mismo que ya les dije a ellos: que no tengo ningún motivo para creer al uno más que al otro.

JUEZ. ¡Pero tiene usted que haber llegado a un criterio, el que sea, sobre el asunto, como resultado de esas conversaciones!

PASTOR. He llegado a una conclusión al oír a una de las partes; y luego a otra, al oír a la otra. O sea, resumiendo, que en este problema no tengo un criterio fundado.

JUEZ. Y yo, que no sé nada de él, tengo que pronunciar una sentencia en firme.

PASTOR. Ese es el duro deber del juez, un deber que yo, por cierto, no tendría la fuerza de llevar sobre mis hombros.

JUEZ. ¡Pero, por lo menos, se podrá oír a testigos, aducir pruebas!

PASTOR. ¡No, porque los esposos no se acusan abiertamente de nada, y, por otra parte, ya sabe usted que dos testigos falsos constituyen prueba suficiente, y un perjurio también! ¡No pensará que voy a formar mi criterio sobre los chismes de las criadas, la charla de vecinos envidiosos y las venganzas de parientes parciales!

JUEZ. ¡Es usted un terrible escéptico, pastor!

PASTOR. Eso es inevitable cuando se llega a los sesenta años después de cuarenta de médico de almas. La mentira está tan arraigada como el pecado original, y yo pienso que todos los hombres mienten; de niños, mienten por miedo, y de mayores, por interés, necesidad e instinto de conservación; conozco a gente que miente por pura filantropía. En el caso que nos ocupa, pienso que le va a resultar a usted sumamente difícil averiguar cuál de los dos es el más veraz, si el marido o la mujer; y querría únicamente aconsejarle que no se deje dominar por ninguna opinión preconcebida. Usted mismo está recién casado y todavía bajo el encanto de su joven esposa; por lo tanto, no sería difícil que se dejase influenciar por una señora joven y encantadora, que es desgraciada como madre y como esposa. Por otra parte, es usted también padre reciente, y, como tal, no podrá más que sentirse conmovido por la inminente separación de un padre de su hijo único; ponga cuidado en no dejarse dominar por la compasión ni en uno ni en otro sentido, porque compasión para el uno equivale a crueldad para el otro.

JUEZ. Hay una cosa que facilitará mi tarea, sin embargo, y es que los esposos están de acuerdo en lo principal.

PASTOR. No se fíe de esto, porque eso lo dicen todos al principio, pero, cuando se ven ante el tribunal, se encona todo. ¡Basta con una sola chispa, y ya tiene usted el incendio en marcha! ¡Ahí vienen los miembros del jurado! ¡Hasta luego! Yo sigo aquí, aunque no se me vea.

ESCENA QUINTA

Los anteriores. Los doce miembros del Jurado. *El* Comisario *hace sonar una campanilla en la puerta abierta del fondo. Los miembros del tribunal se sientan en sus puestos. Entra público.*

Juez. ¡De acuerdo con las disposiciones del Código Penal referentes a la competencia del tribunal, capítulo quinto, artículos sexto y octavo, declaro abierta la audiencia! *(Habla en voz baja al* Escribano*; y a continuación):* Tengan la bondad los miembros del jurado de prestar juramento.

(Los miembros del Jurado *se levantan; ponen los dedos sobre la Biblia y hablan luego del tiempo, excepto cuando dicen sus nombres).*

Jurado. Yo, Alexander Eklund.
Yo, Emanuel Wickberg.
Yo, Karl Johan Sjöberg.
Yo, Erik Otto Boman.
Yo, Erenfrid Söderberg.
Yo, Olof Andersson de Vik.
Yo, Karl Peter Andersson de Berga.
Yo, Axel Vallin.
Yo, Anders Erik Ruth.
Yo, Sven Oscar Erlin.

Yo, August Alexander Vass.

Yo, Ludvig Östman. (*Y ahora, todos a la vez, a compás, tono bajo y* mezzavoce*).* Prometo y juro por Dios y por su santo evangelio que, según mi entendimiento y mi conciencia, haré todo lo que esté en mi poder por ser justo en todos mis juicios, no menos con el pobre que con el rico, y juzgar siempre según la ley de Dios y la ley de Suecia, ateniéndome en todo a ellas. *(Más altos el tono de voz).* No violaré nunca la ley ni favoreceré la injusticia, ni por causa de parentesco, ya sea de sangre o político, de amistad, ni por envidia, ni por mala voluntad, ni por temor, ni por soborno, ni por dádivas, ni por ninguna otra causa, cualquiera que esta pudiere ser, no seguiré causa a ningún inocente, ni eximiré de causa a ningún culpable. *(Alzan aún más el tono).* Igualmente, me abstendré, tanto antes como después de que se pronuncie la sentencia, de descubrir a los que van a juicio, así como de revelar las deliberaciones que se celebren a puerta cerrada. Todo esto cumpliré, en verdad, como probo y justo juez, sin malignas astucias ni tretas... *(Pausa).* ¡Séame Dios testigo, por mi honor y por la salvación de mi alma!

(Los miembros del Jurado *se sientan).*

Juez. *(Al* Comisario*).* Llame a juicio a Alma Jonsson contra el granjero Alexandersson.

ESCENA SEXTA

Los anteriores. El ABOGADO. ALEXANDERSSON. *La* SIRVIENTA. *La* VAQUERIZA. *El* TRILLADOR.

COMISARIO. *(Grita).* Alma Jonsson, sirvienta, contra el granjero Alexandersson.

ABOGADO. He sido designado defensor de la demandante Alma Jonsson.

JUEZ. *(Examina los papeles que le presenta el* ABOGADO; *a continuación):* La sirvienta Alma Jonsson cita a su antiguo señor, Alexandersson, exigiéndole responsabilidad según el capítulo decimosexto, artículo decimoctavo del Código Penal, bajo pena de seis meses de cárcel o multa, por haberla llamado el citado Alexandersson ladrona, sin haber probado dicha acusación o haberla llevado a juicio por robo. ¿Qué tiene que oponer usted, Alexandersson, a esto?

ALEXANDERSSON. Que, si la he llamado ladrona, es porque la he visto robar.

JUEZ. ¿Tiene usted testigos de que ha robado?

ALEXANDERSSON. No, por pura casualidad no tenía testigos a mano, porque suelo andar solo.

JUEZ. ¿Y por qué no llevó usted a la muchacha a juicio?

ALEXANDERSSON. ¡Porque soy enemigo de pleitos! Además, nosotros, los granjeros, no solemos hablar de estos robos caseros: primero, porque son demasiado frecuentes, y luego, porque no queremos poner en peligro el porvenir de los sirvientes.

JUEZ. ¿Y usted, Alma Jonsson, qué tiene que decir a esto?

SIRVIENTA. Pues que...

ABOGADO. ¡Tú cállate! ¡Alma Jonsson es la demandante en este caso, no la acusada, y solicita que sean oídos sus testigos, a fin de que quede probada la difamación de Alexandersson!

JUEZ. En vista de que Alexandersson ha reconocido su acusación, no necesito testigos. Sin embargo, considero importante esclarecer si Alma Jonsson es culpable de la infracción, porque, de tener causa Alexandersson para su acusación, ello constituye atenuante.

ABOGADO. Me permito protestar de esta afirmación, señor juez, sobre la base del Código Penal, capítulo decimosexto, artículo decimotercero, según el cual el que es juzgado por difamación no tiene derecho a presentar testigos en defensa de su acusación.

JUEZ. Salgan las partes y los testigos, así como el público, pues el tribunal tiene que deliberar.

(Salen todos).

ESCENA SÉPTIMA
El Juez *y el* Jurado.

Juez. ¿Es Alexandersson persona honorable y digna de fe?

Jurado. ¡Alexandersson es persona digna de fe!

Juez. ¿Es conocida Alma Jonsson como sirvienta fiel?

Erik Otto Boman. El año pasado yo tuve que despedir a Alma Jonsson por robar.

Juez. Ahora no me queda más remedio que condenar a Alexandersson a pagar una multa. ¡No hay otra salida! ¿Es persona pobre?

Ludvig Östman. ¡Tiene atrasos en la contribución y el año pasado tuvo mala cosecha, de modo que le será ruinoso pagar la multa!

Juez. Y lo malo es que no veo la manera de aplazar el juicio, porque la cosa está clara y Alexandersson no puede aportar pruebas. ¿Tiene alguno de ustedes algo que añadir o que objetar?

Alexander Eklund. Me permitiré únicamente una consideración de carácter general. Un proceso como este, en el que resulta castigado uno que no solo es inocente, sino que, además, ha sido perjudicado, mientras que al ladrón se le rehabilita su supuesto honor, puede traer por consecuencias el que la gente sea menos cuidadosa con el prójimo, y que, entonces, los procesos estén a la orden del día.

JUEZ. Eso que dice usted es muy posible, pero lo malo es que las consideraciones de tipo general no pertenecen al sumario, y yo tengo que dictar sentencia. Lo único que les pregunto a ustedes, como jurados, es si Alexandersson ha de ser considerado culpable según el capítulo decimosexto, artículo decimotercero del Código Penal.

JURADO. ¡Sí!

JUEZ. *(Al* COMISARIO*).* Llame a las partes y a los testigos.

ESCENA OCTAVA
Entran todos.

JUEZ. En el caso entre Alma Jonsson y el granjero Alexandersson, resulta Alexandersson culpable de difamación y se le condena a una multa de cien coronas.

ALEXANDERSSON. ¡Pero si yo mismo la vi robar! ¡Esto me pasa a mí por haber sido considerado!

ABOGADO. *(A la* SIRVIENTA*).* ¿No te lo dije? ¡Si no hay como protestar, negar siempre! ¡Es como salen bien las cosas! Lo que le ha pasado a Alexandersson es que ha sido tonto y no ha protestado. Si hubiera sido yo su abogado, habría protestado contra la demanda, negándolo todo y recusando a tus testigos, ¡y tú estarías ahora en su lugar! ¡Bueno, pues vamos tú y yo a concluir este negocio!

(Sale, con la Sirvienta, *la* Vaqueriza *y el* Trillador*).*

Alexandersson. *(Al* Comisario*).* Y ahora, a lo mejor tengo que dar encima a Alma una carta con buenos informes, diciendo que ha sido honrada y trabajadora.

Comisario. ¡Eso no es cosa mía!

Alexandersson. *(Al* Guardia*).* ¡Y para esto tengo que dejar mi granja! ¿En qué cabeza cabe que la justicia le dé al ladrón la razón, y al robado, los palos? ¡Al diablo! ¡Anda, Öman, vente luego a tomar un café conmigo!

Guardia. Sí, luego voy, ¡pero no grites así!

Alexandersson. ¡Pues pienso gritar, qué diablo, aunque me cueste tres meses de cárcel!

Guardia. ¡No grites! ¡Haz el favor de no gritar!

ESCENA NOVENA
Los anteriores. Luego el Barón *y la* Baronesa.

Juez. *(Al* Comisario*).* Anuncie la causa de separación entre el barón Sprengel y la baronesa, apellido de soltera, Malmberg.

Comisario. ¡Causa de separación entre el barón Sprengel y la baronesa, apellido de soltera, Malmberg!

(Entran el BARÓN *y la* BARONESA*)*.

JUEZ. En la demanda de separación contra su esposa, afirma el barón Sprengel que no quiere continuar su vida matrimonial con ella, y solicita que, en vista de que las advertencias del pastor no han surtido efecto, se le conceda un año de separación de cuerpos y bienes. ¿Tiene la baronesa algo que objetar a esto?

BARONESA. No tengo nada que objetar a la separación, siempre y cuando pueda yo quedarme con el niño. ¡Esa es mi condición!

JUEZ. La ley no admite condiciones de ninguna clase en estos casos, y es el tribunal el que tiene que decidir la cuestión del hijo.

BARONESA. ¡Eso es muy extraño!

JUEZ. Y para el juez es sumamente importante averiguar quién ha sido el causante de la discordia en que se basa la separación. De las actas parroquiales anexas se desprende que la esposa reconoce que tenía a veces un carácter difícil y violento, mientras que el esposo no reconoce ninguna culpa. La baronesa, además, parece haber reconocido...

BARONESA. ¡Es mentira!

JUEZ. Encuentro difícil aceptar que el acta parroquial, levantada por el pastor mismo y ante ocho testigos dignos de fe, pueda contener inexactitudes.

BARONESA. ¡Es falso lo que está escrito ahí!

JUEZ. ¡El que usa tales expresiones ante el tribunal se expone a ser castigado!

BARÓN. Querría indicar que estoy dispuesto a ceder el niño a la baronesa por mi propia voluntad bajo ciertas condiciones.

JUEZ. Y yo repito una vez más lo que acabo de decir, y es que es el juez, y no las partes, quien decide el caso. Por lo tanto, veamos: ¿niega la baronesa haber sido la causante de la discordia?

BARONESA. ¡Y tanto que lo niego! ¡No es culpa de uno si dos riñen!

JUEZ. Aquí no se trata de riñas, sino de una causa penal, aparte de que la baronesa está dando muestras de un carácter violento y de unas maneras desconsideradas.

BARONESA. Eso lo dice usted, porque no conoce a mi marido.

JUEZ. Tenga la bondad de aclarar esto, porque yo no puedo basar mi sentencia en insinuaciones.

BARÓN. ¡En tal caso, retiro mi demanda y buscaré la forma de separarnos por otros medios!

JUEZ. ¡La causa ha sido instruida y es preciso terminarla! La baronesa, en consecuencia, afirma que su marido es el causante de la separación. ¿Puede probarlo?

BARONESA. ¡Sí, puedo probarlo!

JUEZ. Pues entonces tenga la bondad de hacerlo, pero le ruego que tenga en cuenta que ello puede privar al barón de la patria potestad y de todo derecho sobre su fortuna.

BARONESA. Eso ya se lo ha merecido muchas veces, sobre todo cuando me dejó sin comida y me impidió dormir.

BARÓN. No tengo más remedio que explicar que yo nunca he impedido dormir a la baronesa. Lo que he hecho ha sido pedirle que no durmiera hasta mediodía, porque entonces la casa estaba descuidada, y el niño, abandonado. Por lo que se refiere a la comida, siempre he dejado eso enteramente en manos de la baronesa, y lo único que he hecho ha sido disuadirla de dar un par de fiestas superfluas que nuestra decaída economía doméstica no podía sufragar.

BARONESA. Y ha permitido que yo esté enferma, en la cama, sin querer llamar al médico.

BARÓN. La baronesa solía ponerse enferma constantemente, siempre que no se salía con la suya, pero eran unas enfermedades que enseguida pasaban. Una vez llamó a un médico eminente de la ciudad, y, como me dijo que no eran más que mañas, tomé la decisión de no volver a llamarlo la vez siguiente que se puso mala... porque el espejo nuevo costaba cincuenta coronas menos del que a ella se le había antojado.

JUEZ. Nada de esto es lo bastante serio como para ser tenido en consideración en la sentencia de una causa tan grave. Tiene que haber motivos más hondos.

BARONESA. Tiene que valer como motivo el que un padre no permita a una madre educar a su hijo.

BARÓN. Ante todo, lo cierto es que la baronesa puso al niño en manos de una muchacha, y que, siempre que quiso ella encargarse de su cuidado, todo ha ido patas arriba; luego, quiso convertir a la criatura en una niña, no en un niño, que es lo que es; por ejemplo, le puso vestidos de niña hasta los cuatro años, y todavía, con ocho que tiene ya, le hace dejarse el pelo largo como una niña, y le obliga a coser y a hacer ganchillo y a jugar con muñecas, cosa que a mí me parece perjudicial para el desarrollo de la criatura, que tiene que convertirse en un hombre normal. Y, además, al mismo tiempo, la baronesa se entretenía disfrazando de niños a las niñas de los campesinos y del servicio, cortándoles el pelo y dándoles el tipo de trabajo que suelen hacer los niños. En pocas palabras, decidí ocuparme yo de la educación de mi hijo en cuanto me di cuenta de esas cosas, que me parecieron síntomas de locura, y cuyas consecuencias han sido consideradas como contrarias al capítulo decimoctavo del Código Penal.

BARONESA. ¿Y, a pesar de todo eso, estabas dispuesto a dejarme a mí el cuidado del niño?

BARÓN. Sí, porque nunca se me habría ocurrido tener la crueldad de separar al hijo de su madre, y porque la madre me prometió mejorar de actitud. Además, yo había accedido a ello bajo ciertas condiciones, y siempre y cuando la ley no se inmiscuyese en el asunto, pero, en vista de que hemos descendido a las acusaciones, he cambiado de opinión, sobre todo ahora que, de demandante que era, me he convertido en acusado.

BARONESA. Así es como cumple sus promesas este hombre.

BARÓN. Mis promesas, como las de mucha gente, han sido siempre condicionadas, de manera que las cumplo si la otra parte cumple a su vez las condiciones pactadas.

BARONESA. Igual que me había prometido que tendría libertad personal en nuestro matrimonio...

BARÓN. Por supuesto, siempre y cuando no se violasen las leyes de la decencia, pero, cuando vi que se pasaban todos los límites y que, en nombre de la libertad, se daba rienda suelta a la anarquía y a la licencia, consideré que mi promesa estaba siendo burlada.

BARONESA. Y por eso me atormentó con los celos más absurdos, de los que suelen bastar para hacer insufrible la vida conyugal. Llegó hasta el extremo ridículo de tener celos del médico.

BARÓN. Esos celos se reducen a que desaconsejé a la baronesa servirse de un masajista desconocido y charlatán para unos dolores que tenía, y que, hasta entonces, le cuidaba una mujer. A menos que la baronesa se esté refiriendo a una ocasión en que puse en la puerta al administrador porque le vi sentarse a fumar en mi salón y ofrecer puros a mi mujer.

BARONESA. Bueno, ya que estamos descendiendo a estos niveles de desvergüenza, yo creo que mejor será decirlo todo. Por ejemplo, que el barón ha cometido adulterio. ¿Basta con eso para hacerle indigno de cuidar él solo de mi hijo?

JUEZ. ¿Puede probar usted esto, baronesa?

BARONESA. ¡Y tanto que puedo, como que tengo aquí mismo las cartas!

JUEZ. *(Toma las cartas).* ¿Cuánto tiempo hace de esto?

BARONESA. Un año.

JUEZ. El plazo para intentar proceso por esta causa ha caducado ya, pero, así y todo, una circunstancia de este tipo tiene mucho peso contra su marido, y puede ser causa de que pierda parcialmente la tutoría legal sobre el niño. ¿Reconoce usted el adulterio, barón?

BARÓN. Sí, con remordimiento y vergüenza, pero hubo circunstancias que han de ser consideradas como atenuantes. Por ejemplo, que me vi reducido a un ignominioso celibato por causa de la frigidez deliberada de la baronesa, y eso a pesar de que yo pedía siempre cortésmente lo que la ley me concede como un derecho. Acabé cansándome de tener que comprar su amor cuando ella introdujo la prostitución en nuestra vida matrimonial, vendiéndome sus favores, primero, por poder, luego, por regalos y dinero. Finalmente, me vi forzado y con el consentimiento explícito de la baronesa además, a tener relaciones ilícitas.

JUEZ. ¿Dio usted su consentimiento, baronesa?

BARONESA. ¡Eso no es verdad! ¡Exijo pruebas!

BARÓN. Es completamente cierto, pero no puedo aducir prueba alguna, ya que el único testigo, mi mujer, ¡lo niega!

JUEZ. El que una cosa no esté probada no quiere necesariamente decir que sea falsa, pero un pacto como este, contrario a las leyes vigentes, es un *pacta turpia* y carece de toda validez. Lo tiene usted todo en contra, barón.

BARONESA. Bueno, pues ya que el barón ha reconocido su delito con remordimientos y vergüenza, pido, en tanto que demandante, que es lo que soy ahora, después de haber sido acusada, que el tribunal pase a dictar sentencia, ya que no hacen falta más detalles en esta causa.

JUEZ. Como juez que soy de este tribunal quiero oír lo que tiene que decir el barón en su defensa, o, al menos, en su descargo.

BARÓN. Acabo de confesar mi adulterio, aduciendo como circunstancias atenuantes, primero, que fue un caso de verdadera necesidad, porque, después de diez años de matrimonio, me encontré de pronto con que estaba soltero, y, segundo, que ocurrió con el consentimiento de la baronesa misma. Pero, como ahora tengo motivos para sospechar que esto fue una trampa para tener algo de que acusarme, considero mi deber, por causa de mi hijo, seguir adelante, y...

BARONESA. *(Grita, involuntariamente).* ¡Axel!

BARÓN. Lo que realmente me indujo a cometer adulterio fue la infidelidad de mi mujer.

JUEZ. ¿Puede probar usted, barón, que la baronesa le había sido infiel?

BARÓN. ¡No, porque, celoso del honor de la familia, destruí todas las pruebas que tuve en mis propias manos! ¡Pero me atrevo a esperar que la baronesa repita aquí la confesión que en su tiempo me hizo!

JUEZ. ¿Confiesa usted, baronesa, su adulterio, como lo hizo en su día, y, por tanto, como causa probable del extravío de su marido?

BARONESA. ¡No!

JUEZ. ¿Está usted dispuesta a jurar que es inocente de esa acusación?

BARONESA. ¡Sí!

BARÓN. ¡Santo cielo! ¡No! ¡Prefiero que no lo haga! ¡No quiero perjurios por causa mía!

JUEZ. Repito: ¿está usted dispuesta, baronesa, a jurarlo?

BARONESA. ¡Sí!

BARÓN. Me permito únicamente observar que la baronesa, por el momento, es demandante, y que no se demanda con juramentos.

JUEZ. Desde el momento en que la acusa usted de un delito, se convierte en acusada. ¿Qué piensa de ello el jurado?

EMANUEL WICKBERG. Como la baronesa es parte del juicio, yo diría que no puede realmente testificar en su propia causa.

SVEN OSCAR ERLIN. A mí me parece que, si la baronesa va a testificar bajo juramento, también el barón debe testificar entonces bajo juramento en la misma causa, pero lo que ocurre es que, si tenemos un juramento contra otro juramento, la situación se vuelve bastante tenebrosa.

AUGUST ALEXANDER VASS. Aquí no se trata de juramento de testigo, de lo que se trata es de un juramento de inocencia.

ANDERS ERIK RUTH. Esa es, sin duda, la cuestión que hay que resolver antes que ninguna otra.

AXEL VALLIN. Pero no en presencia de las partes, porque las deliberaciones de este tribunal no son públicas.

KARL JOHAN SJÖBERG. El derecho del jurado a expresar sus opiniones no está limitado por ninguna restricción.

JUEZ. No puedo guiarme por pareceres tan dispares. Pero no me queda más remedio que tomar juramento de inocencia a la baronesa, ya que su delito está por probar, mientras que el del barón está probado.

BARONESA. ¡Estoy dispuesta!

JUEZ. ¡No, un momento! ¿No podría usted, barón, aducir pruebas de su acusación si aplazo la audiencia?

BARÓN. Ni puedo ni quiero, ¡no tengo ningún deseo de publicar yo mismo mi deshonra!

JUEZ. Las deliberaciones del tribunal se suspenden mientras consulto con el presidente del consejo parroquial.

(Se levanta y sale por la derecha).

ESCENA DÉCIMA

Los miembros del JURADO *hablan entre sí en voz baja. El* BARÓN *y la* BARONESA, *en el fondo. La gente habla en grupos.*

BARÓN. *(A la* BARONESA*).* ¿Eres capaz de cometer perjurio?

BARONESA. Cuando está en juego mi hijo, soy capaz de todo.

BARÓN. ¿Y si tengo pruebas?

BARONESA. ¡No las tienes!

BARÓN. Bueno, las cartas las quemé, pero las copias legalizadas las conservo.

BARONESA. ¡Estás mintiendo para asustarme!

BARÓN. Para que veas lo mucho que quiero a mi hijo, y a fin de salvar por lo menos a la madre, porque mi causa está perdida, toma, aquí te doy las pruebas. Pero no seas desagradecida.

(Le da un paquete de cartas).

BARONESA. Yo sabía ya que eras un mentiroso, pero lo que no sabía es que fueses tan bribón como para mandar copiar las cartas.

BARÓN. ¡Ese es tu agradecimiento! Pero ahora estamos perdidos los dos.

BARONESA. Bueno, pues mejor si nos hundimos los dos, por lo menos terminará la lucha.

BARÓN. ¿Te parece mejor que el niño pierda a sus dos padres y se quede solo en el mundo?

BARONESA. ¡Eso no puede pasar!

BARÓN. Es tu absurda vanidad, que te hace pensar que estás por encima de las leyes y de la gente, lo que te ha ofuscado hasta el punto de lanzarte a esta querella, en la que hay uno que indudablemente saldrá perdiendo: ¡nuestro hijo! ¿En qué estabas pensando cuando comenzaste con estas acusaciones, de las que no tiene uno más remedio que defenderse? ¡Seguro que no era en el niño! ¿En la venganza, acaso? Pero ¿venganza de qué? ¿De que descubrí tu delito?

BARONESA. ¿En el niño? ¿Y pensabas tú en el niño mientras me manchabas así delante de toda esa gentuza?

BARÓN. ¡Hélène...! Nos hemos desgarrado el uno al otro hasta ensangrentarnos mutuamente, como animales salvajes, hemos puesto al desnudo nuestra vergüenza delante de toda esta gente, que se alegra de nuestra ruina, porque en esta sala no tenemos un solo amigo. Nuestro hijo, desde ahora, ya no podrá decir que sus padres son dignos de respeto, y, cuando salga a la vida, sus padres ya no podrán ser para él un ejemplo; verá que la gente les rehúye, y ellos, viejos, vivirán despreciados en su casa solitaria, ¡y entonces él mismo acabará por rehuirnos!

BARONESA. Bueno, ¿y qué es lo que quieres?

BARÓN. ¡Que nos vayamos al extranjero en cuanto vendamos la finca!

BARONESA. ¡Y volver a pasarnos la vida riñendo! ¡Ya sé lo que pasaría, lo de siempre, que te estás tranquilo una semana y luego vuelves a insultarme!

BARÓN. ¡Piensa que nuestro destino está decidiéndose ahí dentro en este mismo momento! Y no puedes esperar ayuda del pastor, a quien acabas de llamar mentiroso; tampoco puedo yo esperar misericordia, porque sabe que no soy cristiano. Siento tanta vergüenza que lo que verdaderamente querría es irme al bosque y echarme bajo un techo de raíces y poner la cabeza bajo una piedra.

BARONESA. Tienes razón, el cura ese nos odia a los dos, y probablemente ocurrirá lo que dices tú. ¡Habla con él!

BARÓN. ¿Y de qué quieres que hable? ¿De conciliación?

BARONESA. ¡De lo que quieras, con tal de que no sea demasiado tarde! ¡Dios mío, y si fuera demasiado tarde! ¿Y qué es lo que quiere Alexandersson, que no hace más que rondar a nuestro alrededor? ¡Me da miedo ese hombre!

BARÓN. ¡Alexandersson es un hombre como Dios manda!

BARONESA. ¡Sí, contigo, pero no conmigo! ¡Ya he visto esa mirada otras veces! Anda, vete a ver al pastor, pero dame antes la mano, ¡tengo mucho miedo!

BARÓN. Pero ¿de qué, querida? ¿De qué?

BARONESA. ¡No lo sé! ¡De todo, de todos!

BARÓN. No de mí, espero...

BARONESA. ¡No, ya no! ¡Es como si nos hubiésemos dejado la ropa cogida entre las ruedas del molino! Y toda esa gente que nos mira y se ríe... ¿Qué es lo que hemos hecho? ¿Qué es lo que hemos hecho... dejándonos llevar por la ira? ¡Fíjate, lo que se van a divertir todos esos viendo al barón y a la baronesa desnudos, dándose vergajazos el uno al otro! ¡Me siento como si estuviese desnuda aquí!

(Se abrocha el abrigo).

BARÓN. ¡Cálmate, querida! Este no es el lugar más apropiado para repetirte lo que ya te dije antes: ¡solo se tiene un amigo y un hogar, pero podemos empezar de nuevo! ¿Quién sabe...? ¡Pero no, no podemos! ¡Esto ha durado ya demasiado tiempo, todo ha terminado! Y este final..., bien, ¡pues que sea el final! ¡Y tiene que venir esto después de todo lo demás! ¡No, somos enemigos sin remedio, para siempre! Y si te dejo ahora sola, con el niño, podrás volverte a casar, lo veo venir, y entonces mi hijo tendrá un padrastro, ¡y yo tendré que ver a otro hombre con mi mujer y mi hijo! ¡O quizá sea yo quien vaya del brazo con la puta de otro! ¡No! ¡O tú o yo! ¡Uno de los dos tiene que caer aquí! ¡O tú o yo!

BARONESA. ¡Tú, entonces! ¡Porque, si te dejo que te lleves al niño, tendré yo que ver a otra mujer haciendo de madre suya! ¡Esa idea bastaría para convertirme en asesina! ¡Una madrastra de mi hijo!

BARÓN. Eso deberías haberlo pensado antes, pero lo cierto es que, cuando me veías morder la cadena de amor que me ataba a ti, pensabas que no podía yo querer a ninguna otra.

BARONESA. ¿Es que piensas que te he querido alguna vez?

BARÓN. ¡Sí, una vez, por lo menos! ¡Cuando te fui infiel yo a ti! ¡Entonces tu amor fue sublime! Y tu desprecio fingido te hizo irresistible. ¡Pero también me cogiste respeto después de mi delito! No sé, la verdad, qué es lo que más admiraste en mí, si al macho o al delincuente, pero pienso que sería a los dos, tuvo que haber sido a los dos, ¡porque eres la mujer más mujer que conozco! Y ya te sientes celosa de una esposa en la que ni siquiera he pensado todavía. ¡Qué lástima que te casaras conmigo, porque, como amante mía, habrías ganado una victoria indiscutible, y tu infidelidad no habría sido otra cosa que el *bouquet* de mi vino fresco!

BARONESA. ¡Sí, tu amor fue siempre físico!

BARÓN. ¡Carnal, como todo lo espiritual! ¡Espiritual, como todo lo carnal! Mi debilidad por ti, que era la fuerza misma de mi sentimiento, hizo sentirte a ti más fuerte, cuando realmente eras más mala, más brutal, más desconsiderada que yo.

BARONESA. ¿Más fuerte, tú? ¿Tú, que nunca quieres la misma cosa dos minutos seguidos, y que, sobre todo, no sabes lo que quieres?

BARÓN. ¡No, qué va, lo sé, y muy bien! Pero es que hay en mí sitio para el amor y el odio, y te amo un momento para odiarte el siguiente, ¡y ahora te odio!

BARONESA. ¿También ahora estás pensando en el niño?

BARÓN. ¡Sí, ahora y en todo momento! ¿Y sabes por qué? Pues porque él es nuestro amor convertido en carne, el recuerdo de nuestros bellos momentos, el vínculo que une nuestras almas, el lugar en que nos encontramos sin quererlo nosotros mismos, y esta es la razón de que tú y yo no podamos separarnos nunca, aun cuando consigamos la separación... ¡Si pudiese odiarte tanto como te quería!

ESCENA UNDÉCIMA

Los anteriores. Entran el JUEZ *y el* PASTOR, *hablando; se quedan en primer término.*

JUEZ. A mí me parece que es completamente imposible tratar de hacer justicia y de encontrar la verdad, y yo diría, francamente, que las leyes van un par de siglos a la zaga del principio del derecho. ¡Fíjese, si no, cómo tuve que condenar a Alexandersson, que era inocente, y dar la razón a la sirvienta aquella, culpable de robo! Por lo que se refiere a esta causa de separación, la verdad es que en este momento no sé nada, y mi conciencia no me permite dictar sentencia.

PASTOR. ¡Pero, pese a todo, hay que dictarla!

JUEZ. ¡No seré yo quien lo haga! ¡Prefiero dimitir y buscarme otro trabajo!

PASTOR. ¡No se le ocurra! Con un escándalo así, lo único que conseguiría es convertirse en la comidilla de todos y cerrarse todas las puertas. Siga usted unos años más dictando sentencias y ya verá que acaba resultándole más fácil aplastar a la gente como si fuesen huevos. Por lo demás, si lo que quiere es salir de este enredo, lo mejor es que deje que el jurado vote contra usted, dejándole en minoría y apechugando ellos con la responsabilidad.

JUEZ. Esa es una solución, y estoy convencido de que estarían unánimes contra mí, porque en este asunto yo tengo una opinión, lo que ocurre es que se basa en el sentimiento, y, por lo tanto, no me atrevo a confiar en ella... Pero ¡gracias por el consejo!

COMISARIO. *(Que ha estado hablando con* ALEXANDERSSON, *se acerca al* JUEZ*)*. Como acusador público, anuncio la presencia del granjero Alexandersson en calidad de testigo contra la baronesa Sprengel.

JUEZ. ¿Referente a adulterio?

COMISARIO. ¡Sí!

JUEZ. *(Al* PASTOR*)*. ¡Esto abre nuevas perspectivas de solución!

PASTOR. En este caso hay muchos hilos, lo que pasa es que hay que dar con ellos.

JUEZ. Pero, de cualquier modo, es terrible ver a dos personas como estas, que se han querido, destruirse una a otra. ¡Es como presenciar una matanza!

PASTOR. ¡Pues eso es el amor, amigo juez!

JUEZ. ¿Qué es, entonces, el odio?

PASTOR. ¡El forro del vestido!

(El JUEZ *va a hablar con los miembros del* JURADO*)*.

BARONESA. *(Va hacia el* PASTOR*)*. ¡Ayúdenos, pastor! ¡Ayúdenos!

PASTOR. ¡No puedo y, como sacerdote, no debo! Además, ¿no le advertí que no jugara con cosas tan serias? ¡Para usted, separarse era la cosa más sencilla! ¡Bueno, pues sepárese ahora! La ley no se lo impide, de modo que no venga ahora echándole la culpa a ella.

ESCENA DUODÉCIMA
Los anteriores.

JUEZ. ¡El tribunal reanuda sus deliberaciones! El acusador público, comisario Viberg, anuncia que tiene un testigo contra la baronesa en lo referente a su adulterio. ¡Granjero Alexandersson!

ALEXANDERSSON. ¡Señoría!

JUEZ. ¿Cómo prueba usted, granjero Alexandersson, lo que alega?

ALEXANDERSSON. He visto cometer el adulterio.

BARONESA. ¡Está mintiendo! ¡Tiene que probar lo que dice!

ALEXANDERSSON. ¿Probar? ¡Ahora voy a dar mi testimonio!

BARONESA. No basta con afirmarlo, eso no es prueba, aunque le llamen como testigo ahora.

ALEXANDERSSON. Pero a lo mejor ocurre que el testigo tiene otros dos testigos, y cada uno de esos dos testigos tiene otros testigos.

BARONESA. ¡Sí, porque la verdad es que pueden hacer falta cuando no se sabe si todos ellos están mintiendo!

BARÓN. El testimonio de Alexandersson es innecesario. Pido la venia para entregar al juez toda la correspondencia que da prueba cumplida del adulterio de la baronesa... Aquí están los originales. Las copias están en poder de la acusada.

(La BARONESA da un grito, pero se contiene).

JUEZ. ¿No estaba usted dispuesta a jurar hace un momento, baronesa?

BARONESA. ¡Pero no juré! Bueno, ahora el barón y yo estamos en paz.

JUEZ. ¡Pero un delito no anula otro! Cada cuenta ha de ser ajustada por separado.

BARONESA. Pues entonces, quiero que conste que reclamo mi dote al barón, que la ha malgastado.

JUEZ. Si es cierto que usted, barón, ha malgastado la dote de la baronesa, este es el momento de dejarlo en claro.

BARÓN. La baronesa aportó al matrimonio seis mil coronas en acciones que resultaron invendibles y sin valor alguno. Como, al casarse conmigo, trabajaba en calidad de telegrafista y decía que no quería que su marido la mantuviese, hicimos ella y yo el pacto de que cada uno de nosotros se mantendría a sí mismo. Pero, después de casarnos, ella perdió su puesto y, desde entonces, soy yo quien la mantiene. Yo, la verdad, nunca había hablado de este asunto, pero, en vista de que ella quiere pasarme ahora la cuenta, me veo obligado a presentar también mi contracuenta. Asciende, en total, a treinta y cinco mil coronas, o sea, un tercio de los gastos de nuestra casa durante el tiempo de nuestro matrimonio, de modo que yo me hago cargo de dos tercios.

JUEZ. ¿Tiene usted constancia escrita de ese pacto, barón?

BARÓN. ¡No!

JUEZ. ¿Y usted, baronesa, tiene prueba escrita de que el barón ha dispuesto de su dote?

BARONESA. ¡Cuando se la entregué, pensé que no haría falta poner nada por escrito, que estaba tratando con gente honrada!

JUEZ. ¡En tal caso, no puedo tomar eso en consideración! ¡Hagan el favor los miembros del jurado de pasar a la salita de audiencias para deliberar y decidir!

ESCENA DECIMOTERCERA
Los miembros del JURADO *y el* JUEZ *salen por la derecha.*

ALEXANDERSSON. *(Al* COMISARIO*).* ¡La verdad es que no acabo de entender esta clase de justicia!

COMISARIO. Pues yo lo que creo es que haría usted bien en irse a su casa, porque, si no, se expone a que le pase lo que al campesino aquel de Mariestad. ¿Sabe lo que le pasó?

ALEXANDERSSON. Pues no.

COMISARIO. ¡Sí, hombre! ¡Fue a un juicio para pasar el rato, pero le llamaron de testigo y terminó cobrando una tanda de palos!

ALEXANDERSSON. ¡Pues sí que tendría gracia! ¡Pero no me hace ninguna esa perspectiva! ¡Los creo capaces de todo!

(Sale. El BARÓN *y la* BARONESA, *en primer término).*

BARONESA. ¿Te cuesta romper conmigo?

BARÓN. ¡Hélène! ¡Te he herido de muerte y, mira, también yo sangro, porque tu sangre es la mía!

BARONESA. ¡Pero bien que me pasas cuentas, a pesar de todo!

BARÓN. ¡No fue una cuenta, sino una contracuenta! Tú tienes el valor de la desesperación, el valor del condenado a muerte, pero, cuando salgas de aquí, te derrumbarás, y entonces ya no me tendrás a mano para descargar sobre mí tus penas y tus culpas, y te sentirás llena de remordimientos. ¿Sabes cuál es el motivo de que no me haya suicidado?

BARONESA. ¡Que no te atreves!

BARÓN. ¡No, no es eso! No es el tormento eterno lo que me da miedo..., en eso yo no creo..., sino que me dije: «Aun cuando se quede ella con el niño, dentro de cinco años ya no estará aquí, como ha dicho el médico, y entonces, el niño se quedará sin padre y sin madre». ¡Piénsalo, solo en el mundo!

BARONESA. ¡Cinco años...! ¡Eso es mentira!

BARÓN. ¡Sí, dentro de cinco años! Y entonces me quedaré yo con el niño, quieras o no.

BARONESA. ¡No! ¡Porque entonces mi familia te lo quitará, llevándote a los tribunales! ¡Seguiré viva yo, aunque esté muerta!

BARÓN. ¡Hierba mala nunca muere, bien es verdad! Pero ¿quieres explicarme por qué tienes ese empeño en que el niño no esté conmigo, ni yo con el niño, como sería natural? ¿Es maldad, simplemente, o deseo de venganza, con el que, además, castigas también al niño? (*La* BARONESA *calla*). ¿Sabes que le dije al pastor que posiblemente tienes dudas sobre la paternidad del niño, y que ese pudiera ser el motivo de que no me lo quieras dejar a mí: evitarme que ponga mi felicidad sobre una base falsa? Y te diré lo que me contestó: «No, no creo yo eso, sería un motivo demasiado bello». Yo, la verdad, pienso que ni tú misma sabes el motivo de tu fanatismo en esta cuestión, y que se trata simplemente de la lucha por la supervivencia, que nos induce a no querer soltar la presa. Nuestro hijo tiene tu cuerpo, pero también mi alma, y esa tú no se la puedes arrancar. ¡Me tendrás a mí en él de nuevo cuando menos te lo esperes, tendrás en él mis pensamientos, mis inclinaciones, mis pasiones, y, por lo tanto, acabarás un día odiándolo también a él como me odias a mí! ¡Esto es lo que temo!

BARONESA. ¡Se diría que te estás temiendo que me lo van a dejar a mí!

BARÓN. Como madre y como mujer, tienes, ciertamente una ventaja sobre mí ante esos señores jueces, y también es cierto que la justicia juega a los dados con los ojos vendados, pero no lo es menos que siempre hay un poco de plomo en el fondo de los dados.

BARONESA. Si eres capaz de decir tales lindezas en pleno proceso de separación, a lo mejor es que no odias tanto como aparentas, después de todo.

BARÓN. Si quieres que te sea franco, pienso que lo que realmente odio es mi deshonra, más que a ti, aunque a ti también te odio. ¿Y cuál es el motivo de este horrible odio? ¡Quizá olvidé que te acercas a los cuarenta años y empieza a crecer un hombre en ti, quizá es ese hombre, al que he sentido en tus besos y en tus abrazos, que me es tan repulsivo!

BARONESA. ¡Sí, quizá sea eso! Porque el gran drama de mi vida, cosa que tú no sabes, es que no nací hombre.

BARÓN. ¡Quizá haya sido ese el drama de mi vida! Y ahora te vengas tú del capricho de la naturaleza y tratas de educar a tu hijo como si fuera una niña. ¿Quieres prometerme una cosa?

114

BARONESA. ¿Quieres prometerme tú a mí otra?

BARÓN. ¿Y de qué sirve prometer, si no cumplimos nuestras promesas?

BARONESA. ¡Tienes razón! ¡Lo mejor será que no nos prometamos nada!

BARÓN. ¿Me contestarás la verdad si te hago una pregunta?

BARONESA. Aunque te dijera la verdad, pensarías que te estaba mintiendo.

BARÓN. ¡Sí, tienes razón!

BARONESA. ¡Ya lo ves, esto se ha terminado para siempre!

BARÓN. ¡Para siempre! ¡Tan para siempre como juramos querernos una vez!

BARONESA. ¡Está mal eso de obligarle a uno a jurar una cosa así!

BARÓN. ¿Por qué? Es siempre un vínculo, eso es lo que es.

BARONESA. Yo no aguanté nunca los vínculos.

BARÓN. ¿Piensas que habría sido mejor si no nos hubiesen atado el uno al otro?

BARONESA. Por lo menos para mí.

BARÓN. ¡No sé qué decirte! Entonces, no habrías tenido ningún derecho sobre mí.

BARONESA. Ni tú sobre mí.

BARÓN. Y la cosa habría quedado como... como una fracción reducida. O sea, ni culpa de la ley, ni culpa nuestra, ni culpa de otros. Pero, a pesar de todo, ¡tenemos que cargar nosotros con la culpa! *(Se acerca el* Comisario*)*. ¡Bueno, ya han dictado el juicio! ¡Adiós, Hélène!

Baronesa. ¡Adiós, Axel!

Barón. ¡Es difícil separarse! Pero imposible vivir juntos. ¡Por lo menos ha terminado la lucha!

Baronesa. Si fuese como dices... Pero me temo que acaba de comenzar.

Comisario. ¡Retírense las partes mientras el tribunal delibera!

Baronesa. ¡Axel! ¡Una palabra antes de que sea demasiado tarde! ¡Es posible que nos quiten el niño a los dos! Vete en el coche a casa, corriendo, y lleva al niño a tu madre, ¡y así nos escapamos de aquí, lejos, muy lejos!

Barón. ¡Pienso que quieres engañarme de nuevo!

Baronesa. ¡No, no es eso! Ya no pienso en ti, ni en mí ni en mi venganza. ¡Salva al niño, eso es lo único! ¿Me oyes? ¡Rápido!

Barón. ¡Bien! ¡Lo haré, pero, si me has engañado...! ¡Es igual, lo haré como dices! *(Sale apresuradamente)*.

(La Baronesa *sale por el fondo)*.

ESCENA DECIMOCUARTA

Los miembros del Jurado *y el* Juez *entran y se sientan cada cual en su sitio.*

Juez. Como la cosa está decidida, ruego al jurado que diga su opinión antes de que se dicte la sentencia. Por mi parte, la única solución razonable que veo es que el niño sea entregado a la madre, ya que ambos cónyuges son igualmente culpables de la separación y la madre puede ser considerada como más dotada para el cuidado del niño que el padre.

(Silencio).

Alexander Eklund. Según la ley vigente es la esposa quien se adapta a la clase y a las condiciones del marido, no este a las de la esposa.

Emanuel Wickberg. ¡Y el marido es el tutor legal de la esposa!

Karl Johan Sjöberg. En la fórmula de bendición nupcial que da al matrimonio su vínculo se estipula que la esposa queda sujeta al marido, y esto me parece a mí indicar que el hombre tiene preferencia sobre la mujer.

Erik Otto Boman. Y el niño ha de ser educado en la religión del padre.

ERENFRID SÖDERBERG. De donde se deduce igualmente que el hijo ha de seguir al padre, y no a la madre.

OLOF ANDERSSON DE VIK. Pero en el caso que nos concierne, ambos cónyuges son igualmente culpables, y, a juzgar por todo lo que hemos oído, están igualmente incapacitados para educar al niño, por lo que mi opinión es que este les sea quitado a los dos.

KARL PETER ANDERSSON DE BERGA. Estoy completamente de acuerdo con Olof Andersson, y recuerdo que, en estos casos, el juez nombra a dos tutores para que cuiden del niño y administren la propiedad, cuidando también de que el marido, la mujer y el niño se mantengan con el producto de aquella.

AXEL VALLIN. En tal caso, me permito proponer como tutores a Alexander Eklund y Erenfrid Söderberg, ya que los dos son conocidos por su integridad y su carácter cristiano.

ANDERS ERIK RUTH. Estoy de acuerdo con Olof Andersson de Vik por lo que se refiere a que el niño sea separado de su padre y de su madre, y con Axel Vallin en nombrar a dos tutores cuyo carácter cristiano les recomiende para educar al niño.

SVEN OSCAR ERLIN. Estoy de acuerdo con esto.

AUGUST ALEXANDER VASS. ¡Estoy de acuerdo!

LUDVIG ÖSTMAN. ¡De acuerdo!

JUEZ. En vista de que la mayoría de los miembros del jurado parece tener una opinión contraria a la mía, ruego al jurado que proceda al voto, y pienso que deberíamos tener en cuenta la proposición de Olof Andersson de Vik de separar al niño del padre y de la madre por igual y nombrar tutores. ¿Es esta la opinión unánime de los miembros del jurado?

JURADO. ¡Sí!

JUEZ. Si hay alguno que no esté de acuerdo con esto, que levante la mano. *(Silencio)*. Por tanto, la opinión del jurado ha prevalecido sobre la mía, y haré constar en el acta mis reservas contra esta sentencia, que juzgo innecesariamente dura. ¡Los cónyuges, pues, son condenados a un año de separación de cuerpos y bienes, advirtiéndoseles que pueden ser condenados a prisión si durante ese tiempo se visitasen! *(Al* COMISARIO*)*. ¡Llame a las partes!

ESCENA DECIMOQUINTA
Los anteriores. La BARONESA. *Entra gente.*

JUEZ. ¿No está presente el barón Sprengel?

BARONESA. ¡El barón viene enseguida!

JUEZ. Si se retrasa, allá él... Este tribunal de primera instancia dicta la siguiente sentencia: que los esposos Sprengel son condenados a un año de separación de cuerpos y bienes, y que su hijo será puesto bajo la tutoría de dos hombres buenos, que se encargarán de su educación, y el tribunal ha designado y delegado para ello a los miembros del jurado Alexander Eklund y Erenfrid Söderberg.

(La Baronesa *da un grito y se derrumba. El* Comisario *y el* Guardia *la levantan del suelo y la sientan en una silla. Parte del público ha salido).*

Barón. *(Entra).* ¡Señor juez! Después de oír la sentencia desde fuera, pido la venia para protestar, primero, contra este jurado, que está compuesto por enemigos personales míos, y, segundo, contra la designación, en calidad de tutores, de Alexander Eklund y Erenfrid Söderberg, ya que ninguno de ambos está en una situación económica sólida, que es requisito indispensable para ejercer de tutores; además, quiero poner pleito al juez por incompetencia en el ejercicio de sus funciones, al no discernir que el que inicia la ruptura de un matrimonio es causante de que la otra parte lo rompa, de modo que no se puede decir que ambos sean igualmente culpables.

Juez. ¡El que no esté conforme con la sentencia tiene derecho a apelar ante el tribunal competente dentro del plazo fijado por la ley! ¡Tenga la bondad el jurado de proceder al examen pericial en la casa rectoral y a la causa contra los peritos tasadores de la administración municipal!

(El Juez *y los miembros del* Jurado *salen por el fondo).*

ESCENA DECIMOSEXTA
El Barón. *La* Baronesa. *La gente va saliendo.*

Baronesa. *(Se levanta).* ¿Dónde está Emile?

Barón. ¡Lejos!

Baronesa. ¡Mientes!

Barón. *(Al cabo de una pausa).* ¡Sí...! ¡No lo llevé a casa de mi madre, porque no me fío de ella, sino a la del pastor!

Baronesa. ¿A casa del pastor?

Barón. ¡Mi único enemigo de confianza! ¡Sí! ¿De quién otro puedo fiarme? Y si lo hice fue porque vi en tus ojos hace un momento una mirada que decía que quizá fueras a matarte y a matar también al niño.

Baronesa. ¡Lo viste...! ¡Ah, pensar que me engañé a mí misma hasta el punto de creer en ti!

Barón. ¿Y qué dices ahora de todo esto?

Baronesa. No sé, la verdad, lo que sé es que estoy tan cansada que ya no siento ni los golpes. El golpe de gracia me parece más bien como un alivio.

BARÓN. ¿Y no piensas en lo que va a pasar ahora, que tu hijo se criará entre dos campesinos, cuya falta de educación y costumbres sencillas lo atormentarán hasta acabar matándolo poco a poco? ¿Que se sentirá asfixiado y reducido en ese ambiente angosto? ¿Que su inteligencia se abotargará en medio de esa superstición? ¿Que le inculcarán desprecio hacia sus padres?

BARONESA. ¡Calla, no digas más, porque acabaré por no entender nada! ¡Mi Emile, en casa de una campesina, incapaz de lavarse como es debido, con piojos en la cama, que no distingue si un peine está sucio o limpio! ¡Mi Emile! ¡No, no puede ser!

BARÓN. ¡Pues es la pura realidad! ¡Y tú eres la única culpable de ello!

BARONESA. ¿Yo? ¿Yo la culpable? Sí, pero ¿acaso me he hecho yo así a mí misma? ¡No! ¿Me he creado yo a mí misma con pasiones desenfrenadas? ¡No! ¿Y quién me negó la fuerza y la voluntad de dominarlas? ¡Cuando me veo en esta situación, siento pena de mí misma! ¿No la merezco?

BARÓN. ¡Sí, desde luego! ¡Pena de nosotros dos, más bien! Tratamos de evitar los escollos del matrimonio y vivimos como marido y mujer sin estar casados. Pero, a pesar de todo, teníamos riñas, y echábamos de menos unos de los goces más grandes de la vida: la consideración y el respeto de la gente, de modo que nos casamos. Pero quisimos burlarnos de la sociedad y de sus leyes, y nos las arreglamos para prescindir de la ceremonia religiosa, limitándonos a un matrimonio civil; y no quisimos depender en modo alguno el uno del otro..., nada de tener caja común, nada de exigirnos mutuamente nuestros derechos sobre nuestras personas..., ¡total, que volvimos a lo de antes! ¡Sin bendición y sin separación de bienes! Y así acabó la cosa, ¡yéndonos cada uno por su lado! ¡Perdoné tu infidelidad y vivimos juntos por causa del niño, pero en estado de separación voluntaria! ¡Y tan voluntaria! Hasta que me cansé de presentar a la amante de mi amigo como mi mujer..., ¡y tuvimos que separarnos! ¿Sabes lo que te digo? ¿Sabes contra qué hemos luchado? ¡Tú dices que es Dios, pero yo prefiero llamarlo la naturaleza! ¡Y ese amo nos hizo sentir odio recíproco, de la misma manera que a otros les induce a amarse! Y ahora estamos condenados a desgarrarnos el uno al otro mientras nos quede una chispa de vida. ¡Nuevos procesos ante el tribunal de apelaciones, revisión de la causa, audiencias del consejo parroquial, sentencia del capítulo, sentencia del tribunal supremo...! Y luego, mi notificación al fiscal general, mi instancia sobre los tutores, tus recusaciones y contrapleitos, ¡de picota en picota! ¡Y sin dar con un verdugo compasivo! ¡Y la finca, sin nadie que se ocupe de ella! ¡Y la educación del niño, abandonada! ¿Y por qué no poner fin, mejor, a estas ruines vidas nuestras? ¡Porque nuestro hijo nos retiene aquí! ¡Tú lloras, por lo menos, pero yo no puedo! ¡Ni siquiera poniéndome a pensar en la noche que me espera en el hogar desierto! ¡Y tú, pobre Hélène, que ahora tendrás que volver a casa de tu madre! ¡Tu madre, a quien dejaste tan contenta en otro tiempo para ir a tu propia casa! Volver a ser su hija..., ¡eso es casi peor que ser una mujer casada! ¡Un año...!, ¡dos años...! ¿Cuántos crees tú que podremos resistir todavía este sufrimiento?

BARONESA. ¡No tengo intención de volver jamás a casa de mi madre! ¡Jamás! Pienso vagar por los caminos y los bosques, gritando, gritando contra Dios hasta caer muerta de fatiga, contra Dios que ha permitido que el infierno del amor venga a este mundo para atormentar a la humanidad, y, cuando oscurezca, me echaré a dormir en el hórreo de la casa del pastor para estar cerca de mi hijo.

BARÓN. ¿Y crees tú que vas a poder dormir esta noche?

❧

Índice